映画、幸福への招待

太田和彦

晶文社

装幀・書式設計　太田和彦

目次

映画、幸福への招待　11

映画、幸福への招待

敷石の片隅に二つの人影が

街燈

一九五七（昭和三二）年　日活　九一分
監督：中平康　脚本：八木保太郎　撮影：間宮義雄　音楽：佐藤勝　美術：松山崇
衣裳：森英恵　出演：南田洋子　月丘夢路　葉山良二　岡田眞澄　中原早苗　芦田伸介
＊靴磨き娘・刈谷ヒデ子が街頭で二度歌うのがうれしい。

♫敷石の片隅に海の匂いがある～

作詞：中平康、作曲：佐藤勝、歌：旗照夫による甘いシャンソンをバックに、夜の神宮外苑並木道を奥から葉山良二が歩いて来て、街灯の下で住所メモを確認する。訪ねるのは南田洋子の洋装店だ。初対面の南田に葉山は、弟が拾った定期券にあなたの住所があったので届けにきたと言う。礼を言われ、近頃ヨタ学生がわざと定期を落とし、拾った女性にお礼にお茶でもと誘うのがはやっているそうだが、私はそれではありませんと苦笑する。

この後が才人中平らしい。いきなり「木村君の場合」と字幕が出て、ニキビ学生服の小沢昭一がホームでわざと定期を落とすが拾ったのは老婆。次はいい女が来てほくそえむが定期は蹴飛ばされて電車にひかれてしまう。次の字幕は「太田君の場合」で、太田姓の私はオレのことかと身を乗り出す。太田君が定期を届けた相手はやっちゃ場のモーレツ娘で「あんた何言ってんの、じゃお礼代わりにこのトラックで送ってやる」と荷台に放り込まれ急発進にひっくり返る。この鼻息荒いのがなんと私の大好きな渡辺美佐子だからウレシイ（小沢、渡辺はこのインサートだけの特別出演）。

聞いて「あはは」と笑う南田。「でも成功したのもあるらしいです」と葉山が続けるのは、届けた先は銀座の洋装店で、来ていた外人客のフランス語に手を焼いている女主人・月丘夢路にその学生が流暢なフランス語で助け船し、「まあ」と月丘の目を輝かす。この学生が岡田眞澄で言うことなし。南田は月丘の仲良しで、月丘の店を手伝う愛人のあの子ねと合点する。

ここから始まる、南田＝葉山、月丘＝岡田の恋愛模様。デビュー四作目の中平は、風刺的な人物設定、適確なカメラワーク、ふりまくギャグなど絢爛たる技巧はすばらしい。岡田は月丘のツバメで、都会のいい女なんだからそれくらいはとする大人のソフィスティケーションはフランス的だ。

ここだ。よく「フランス映画のような」と、その精いっぱいの気取りに失笑することが多いけれど、中平はそれを軽々と超えて全く泥臭さがなく、自信満々の放言「ゴダール、トリュフォーは俺の弟子」もうなずけるというものだ。

郊外に下宿する葉山を訪ねた南田は一人で朝飯を支度する彼に好感をもち、一枚の鮭の切身のお相伴を勧められ「分けて食べるっておいしいわね」と言う。

上司と対立して会社を辞め、しばらく故郷に帰ることになった葉山はある夜南田を訪ねる。事情を話してやや口をつむぎ、顔をあげて言う。「ぼくはあなたに伝えたいことがあるが、自分の身が固まってからにする」。南田は「私もあります。私は今言ってもいいです」と答え、そのとき初めて二人の顔が正面から交互に大アップになる。中平ってなんてうまいんだろう。

切り替わったのは家を出てのラストシーン。最初の夜の並木道をこんどは帰ってゆく。街灯の下でふと気づいてハンカチで口を拭ったのは口紅だった。葉山が去り「終」が出てからも冒頭と同じシャンソンがえんえんと流れる。

♫敷石の片隅に二つの人影が一つになる〜

好きで好きでたまらない極上の映画。これで南田洋子にぞっこんとなりました。

（シネマヴェーラ渋谷）

中平康の技巧に、あれよあれよ

四季の愛欲

一九五八（昭和三三）年　日活　一〇七分
監督：中平康　原作：丹羽文雄　脚本：長谷部慶治　撮影：山崎善弘　音楽：黛敏郎
美術：千葉一彦　出演：安井昌二　山田五十鈴　楠侑子　桂木洋子　中原早苗　渡辺美佐子
小高雄二　宇野重吉　永井智雄　細川ちか子
＊水虫の軟膏はスポンサーサービスらしいが、それを逆手につかうセンスがいい。

安井昌二が作家として売れてくると、かつて幼い彼を捨てて出奔した多情な母（山田五十鈴）は安井に熱海に行く小遣いを無心に来るようになった。安井は知らないが山田は「結婚は二度失敗、もう妾がいい」と会社社長の永井智雄と熱海の逢引を十年も続けている。

安井の内縁の妻（楠侑子）は野心つよいファッションモデルで、義母がイヤ（自分と似た性状を感じるからか）を言い訳に家を出て、パリのモデルオーディションに出してもらおうと接近したスポンサーは偶然永井で、彼も美人にわるい気はしない。

安井の妹・桂木洋子は宇都宮の宇野重吉に嫁いで子もあるのに、世間知らずの夢見る人で、出入り業者の小高雄二に一目ぼれしてその会社を訪ねる。女たらしの悪党・小高はしめしめとなり、聖書マタイ伝を長々と引用した桂木のラブレターは破って捨て、女秘書はこっそり拾ってセロテープで修復し、小高の女パトロン・細川ちか子に渡す。小高に抱かれた桂木は「家を出て愛に生きます」と結婚を申し込み、連れ込み旅館で待つように言われたが、もう飽きた小高は隣の部屋に女を連れ込んでくる。その後小高は秘書と細川の告発で公金横領で逮捕される。

もう一人の妹・中原早苗は、妻に逃げられた兄を自分の女友達と結びつけようと、彼女ともども那須のホテルに誘い、いい感じになる。しかし安井はバーに立つ美貌の未亡人・渡辺美佐子と好い仲になり足指に水虫の軟膏を塗ってやる。

いつもの熱海のホテルで永井は山田を先に帰し、その後にパリ行きをちらつかせて呼んだ楠と浮気。捨てられた山田は実家でくさっていたが、料理屋フロアの職を得て水を得たように働きだす。オーディションに落ちた楠の人気下火を知った永井は山田に復縁を口説くが、山田は簡単にウンとは言わない……。

＊

どいつもこいつもいい加減にシロ！　愛欲にとりつかれた人間を、監督・中平康はもちまえのドライでスピーディーな演出でいきいきと描き、要所のわかりやす過ぎる暗示ショット（桂木が小高に抱かれると、ずしんずしんとピストン運動を始める蒸気機関車の動輪が映る。カウンターで安井が渡辺にコナをかけてお代わりを注文すると、ひねったコックからシャーとソーダが噴出する。桂木が不安に待つ連れ込み旅館の外を大型起重機が何台も轟々と走りゆく。元気になった山田を象徴するように鉄板焼き料理の炎が強い）は、ほとんど面白半分に説明的映像をやっているようだ。そもそも冒頭タイトルバックは燃え盛る炎に大型時代劇のような荘重な音楽が鳴り響いて身構えるが、中味は浮気譚だ。大団円は、すべての関係者が宇都宮駅ホームに偶然集まってくるしゃれた設定。善人は、家庭を裏切った告白を生真面目に始める桂木に「いま言わなくてもいいよ」と優しく受け止める宇野重吉だけ。

中味なんかいらん、テクニックで面白がるのが映画という中平タッチ全開。私のごひいき渡辺美佐子は傾くかと思ったが、安井の心根の浅さに気づいて離れる。作家センセイもたいしたことなかったのだ。

（シネマヴェーラ渋谷）

学園ものはこうでなくっちゃ

学生野郎と娘たち

一九六〇（昭和三五）年　日活　八九分
監督：中平康　原作：曾野綾子　脚本：山内久　撮影：山崎善弘　音楽：黛敏郎
美術：松山崇　出演：長門裕之　中原早苗　芦川いづみ　仲谷昇　伊藤孝雄　清水将夫
清水まゆみ　楠侑子　岡田眞澄
＊ともかくこれは中原早苗の映画。彼女の最良の代表作。そして出演者全員、万歳。

アメリカの超エリート学者・仲谷昇は帰国の記者会見で「日本の大学は就職予備校と化している、打診の大学学長は断る」と明言する。教え始めた大学の授業で、学生・長門裕之は女学生・中原早苗のノートを見せられてもトンチンカンしか言えず、怒った教授は「こんな安月給でバカを相手にできん、授業はやめる」と言い放ち、学生は「私たちは高い授業料を払っている」と一斉に反論する。

演劇演出家を目指してロクに授業も出ない長門。卒業証書だけを目当てに麻雀に明け暮れる者。女子寮同室の中原や清水まゆみらはつねに金がなく腹ぺこだが若さで意気軒高。しかしまじめな芦川いづみは「あなた方はそれでもいい方よ」とやや距離を置く。勉強一筋の苦学生・伊藤孝雄は芦川に恋をしているが卒業するまではと封印している。

仲谷は結局学長に就任。その壇上で「就職のための大学は今日で終わらせ、高い水準に変える」と格調高く宣言、全学生の熱狂的拍手を浴びるが、最後に「そのため学費を四割値上げする」と言って降りる。驚いた学生は緊急抗議集会を開き、行動派リーダーの中原は女学生を組織して街頭署名運動をおこす。

卒業もせまり長門は、自分は田舎に帰るが、最後に自作脚本をどうか上演させてくれと仲間に懇願し「話はこうだ」と独演を始めると、あきれていた中原らの目が次第に澄んでくる場面がい い。彼は彼で間抜けな学生生活ながら夢は守っていたのだ。それはそのまま願いかなった公演舞台のカーテンコールにつながり、長門は感激の涙にくれる。

卒論優秀な伊藤は仲谷に呼ばれて東大大学院を勧められ「自分は家のため働かねばならない、その世話を願えないか」と迫るが「学長は就職の斡旋はしない」と断られる。苦労する芦川はアルバイト先のクラブのどら息子に騙されて身を落とし、渡された大金を恋人の伊藤に大学院学費にと渡し、どら息子を殺して自分は自殺する。

その女子寮葬に来た仲谷に伊藤は「あなたはものを表からしか見ない人だ、会葬は断る」と言葉をぶつけ、仲谷は「その通りだ、私は学長を辞め外国の大学に戻る」と去る。芦川の棺に泣き伏す伊藤を見た中原は「今ごろ何を泣くのよ」と猛烈なビンタをくらわせる。

よくある大学青春ものとは一味も二味もちがう大衆化した大学の学生群像を、監督：中平康は出演者全員に普通より何割も役を誇張した演技をさせ、たっぷりある台詞も猛スピード。その筆頭は気の強い役が得意の中原早苗で、猛烈に台詞をまくしたて、ああ言えばこう言う、余計な一言もどんどん浴びせ、女子三人で男学生たちを完膚無きまで言い負かすのは笑ってしまうほど痛快だ。一方仲谷も正論過ぎるほどの正論を論理的に述べて反論を許さず、これも笑える。ラスト、憤然と大学を去る中原が、空を見上げ「うるせいぞ、ロッキード！」と八つ当たりする台詞がじつに利いている。じめじめした日本映画を嫌うモダニスト中平の学園ものはこれだ。

上映した神保町シアターは芦川いづみ特集が人気で、録音してきた芦川の挨拶を上映前に流し、もう御歳のはずなのに「日活時代は私の青春の宝物でした……」と語る声は可憐なままでうれしい。

（神保町シアター）

帰郷

戦時を超えて再会した二人

一九五〇(昭和二五)年　松竹　一〇四分
監督:大庭秀雄　原作:大佛次郎　脚本:池田忠雄　撮影:生方敏夫　美術:浜田辰雄
音楽:吉沢博・黛敏郎　出演:佐分利信　木暮実千代　三宅邦子　津島恵子　山村聰
三井弘次
*妖艶さをたたえた木暮実千代の美貌は最高。

一九四四年のシンガポール。美貌の木暮実千代はカジノのルーレットで黙々と賭ける支那服の佐分利信に興味を持ち、見まわる憲兵・三井弘次からダイヤ利権のかわりに佐分利の情報を教えろと言われる。

空襲の夜、木暮は佐分利に出会い、彼は海軍で上官の汚職の身代わりとなって死んだとされていると知り、蔭のある男らしさにひかれて一夜をともにするが、佐分利はこの場かぎりと去ってしまう。木暮はもっと本人を知りたいと三井に彼の前歴を言ってしまい、佐分利は捕まって三井に拷問された。敗戦後、ダイヤをもとに羽振りよい木暮は佐分利が日本に帰っていると知り、会いたいがために佐分利の娘・津島恵子と接触し、あなたの実父は生きているともちかける。佐分利の妻・三宅邦子は軍から夫の死を知らされ、大学教授の山村聰と子連れで再婚していた。娘は両親に黙って実父に会う決心をし、木暮とともに佐分利の滞在する京都に行く。

娘は京都の庭園を歩く男を見てすぐ父と直感するが、佐分利は気づかず、清潔なお嬢さんと好感をもつ。しかし三歳で別れた娘ですと言われて驚き、まっすぐに顔を見る。

食事をともにする宿の一室で父と娘は、互いが願っていた通りの、いやそれ以上の人であることを知る。しかし佐分利は、自分は死んだとされている者、今日のことは両親に言うな、二度と会うことはよそうと娘を諭す。

木暮は娘を東京に帰る列車に乗せたあと宿を訪ね、「すべてを捨ててついてゆきます」と哀願し、佐分利の心も動揺する。そして「では神様に決めてもらおう」とトランプカードを持ちだし一世一代の賭けをする。

製作された一九五〇年は敗戦からまだ五年。写る風俗も、会話も、俳優たちも、このドラマチックでロマンチックな物語に、敗戦後の生々しい現実感を持たせているのがすばらしい。名画座で旧作を見る価値はここにある。

『帰郷』は一九六四年再映画化され、父・森雅之、愛人・渡辺美佐子、母・高峰三枝子、娘・吉永小百合、義父・芦田伸介のベストキャストだが、戦時は反映させせず、森はキューバ革命の闘士で、吉永中心の物語だった。

両作とも演技の見どころは敵役でもある義父だ。戦後文化人ともてはやされながら自己中心的で冷淡な大学教授の山村聰、芦田伸介は惚れ惚れするほど憎々しく、終盤、大学教授の講演会を訪ねた佐分利信＝山村聰、リメイク版の森雅之＝芦田伸介が対決する場面はともにがっぷり四つの名場面だった。佐分利版は、今は民主主義を標榜する軽薄な新聞記者となり変わった元憲兵の三井弘次（好演）を講演会で見つけて胸ぐらをつかむ場面があり、そこにも時代意識が鮮明に現れていた。

『花は偽らず』（一九四一）と並ぶ大庭秀雄の代表作。どこかでかかったら必見。

（シネマヴェーラ渋谷）

戦後の田舎のロードムービー

石中先生行状記　青春無銭旅行

一九五四（昭和二九）年　新東宝　八九分
監督：中川信夫　原作：石坂洋次郎　脚本：館岡謙之助　撮影：岡戸嘉外　美術：朝生治男
音楽：斎藤一郎　出演：和田孝　小高まさる　千秋実　東野英治郎　十朱久雄　左幸子
筑紫あけみ　相馬千恵子
＊剣道五人抜きの最後に酔っぱらって飛び入りした千秋が、東野の頭を後ろからぽかりとやり、二人は意気投合して大酒となる。

作家先生が話す、戦前ののんびりした時代の体験談。

東北津軽。中学五年生の和田孝（不細工だがいい奴）と小高まさる（秀才坊ちゃん）は、夏休みに精神と肉体を鍛えようと、同級の女学生クレオパトラ（筑紫あけみ・可愛い）らに見送られ、学帽制服で無銭旅行に出る。

荷馬車に乗せてもらったり、小さな社に夜参りに来た嫁や姑に「神の声」を授けたり、呑気な歩き旅を続け、暑さに川で水浴び中、旅の怪しい山伏（千秋実）に服やカバンを盗られ、追いかけて捕まえるが、言葉巧みに無銭旅行の相棒をさせられる。橋のたもとでニセの腹痛で倒れる二人に、通り掛かりを装った千秋は「ナムナム、エイヤ！」と印を結んで直し、すっかり村人に信用されて宿や飯にありつくが二人はおこぼれなし。

たどりついた日本海で涼んでいると、町長（十朱久雄）らが来て「県知事様の息子様では」と訊かれ、和田は思いつきで「こいつです」と脇で眠る小高を差す。小高は違うと言うが、和田が「父から身分を明かすなと言われている」としてかえって信用される。同級の県知事の息子が「おれたちも後から行く」と言っていたのが、どこからか伝わったのだ。

いやがる小高を「これで飯の心配はない」となだめ、町長宅で上座に据えられるうちに居心地がよくなる。そこにはインチキ祈祷がうまくいった千秋もいてばったり顔を合わすが、千秋は片目をつぶる。夜、町の剣道五人抜き大会に来ていた中学の軍事教練の猛者、自称「日本二番目の剣道師範」東野英治郎に二人は見破られ、夜、東野の座敷へ謝まりに行くと芸者と大酒の最中だ。「このことは学校に内緒に」「ならん、報告して退学だ」「それなら、芸者を抱いて酒を飲んでいたと、学校と奥さんに報告する」「それだけは……参った」となる。

てな調子でぽんぽん話が進む。町長宅の若後家・相馬千恵子（すごい色っぽい美人）に夜這いをかけて追い出される千秋、好色町長の借金のカタの妾奉公に泣く左幸子（適役）を小高は助けるが、その夜、左は小高の床に「今夜一緒に寝てあげる」と忍び込んでくる。案の定現れた本物の知事息子など、慌てふためいたり居丈高になったりする大人を、若者の機転でうまくかわしてゆくのを見ている面白さ。終幕の町祭にはクレオパトラもやってきて花を添え、ひと夏の無銭旅行は二人に大いに世間を勉強させた。

ラストシーン「おれ達は、あんな大人にならないようにしような」とうなずきあう荷馬車が、海岸の曲がる道を遠くまで行くながいロングショットが清々しい。

ジャック・タチの『ぼくの伯父さんの休暇』や、マックス・オフュルスの『快楽』を思わせる、明るくのんびりした人間賛歌がとてもいい。監督：中川信夫は怪談映画で知られるが、キュートな『夏目漱石の三四郎』『虞美人草』につらなる名品だった。

（神保町シアター）

浅草版「細雪」の温かみ

浅草四人姉妹

一九五二（昭和二七）年　新東宝　八四分
監督：佐伯清　脚本：井手俊郎　撮影：横山実　音楽：斎藤一郎　出演：相馬千恵子
杉葉子　関千恵子　岩崎加根子　三島雅夫　沢村貞子　山内明　飯田蝶子　二本柳寛
高島忠夫
＊相馬千恵子の女医白衣、しゃれたドレスの杉葉子、浴衣が似合う関千恵子、学校制服の岩崎加根子と衣装分けも巧み。

浅草の小料理屋夫婦、三島雅夫・沢村貞子（両人とも浅草ものがぴたり）には、長女・相馬千恵子、二女・杉葉子、三女・関千恵子、四女・岩崎加根子の四人姉妹の子がいる。母は年ごろを心配して見合い写真を見せるが長女ははなもひっかけず、二女は「姉さんのお下がりなんていや」、三女以下も同じで母はため息をつく。人のよい父は「まあいいじゃないか、うちは女天国だから」と店の卵焼を出し、「今は民主主義、女のおまえたちは何になるんだい」と聞く。

長身、しっかり者の長女はすでに独身女医で働いて「先生お姉ちゃん」と頼りにされ、洋裁店に勤める二女はデザイナーを目指し、踊りの師匠になりたい三女は芸者の世界に入り、まだ学生の四女は代議士をめざして勉強中。それでも四人集まると他愛ないケンカで、家ではまだ子供だ。

その見合い写真は調子のよいぼんぼん田中春男（これもぴたり適役）で「どれでもいいや、上から」と仮病になりすまして長女の病院に行き、腹をさらけ出し美人女医の顔をうかがう。それに気づいた看護婦が同僚の外科先生（山内明）に知らせると面白がって様子を見に来て、「なんて失礼な」と長女に絶交を言い渡される。

二女が盲腸で入院し、長女は山内先生に手術を頼むと「絶交休戦ならやる」と恩を着せる。ところが二女は山内先生に一目ぼれ、「お姉ちゃんは山内先生のことどう思うの？」「なんでもないわよ」「そう、よかった」と退院したがらない。

田中春男は三女の料亭にも現れ気を引くが、三女はその客で来た紳士・二本柳寛の方に一目ぼれし「奥さん子供があってもいい」と恋煩いで寝込んでしまう。

＊

舞台の浅草は戦災で焼けた浅草寺が新築中で薦《こも》がかぶり、通る姉妹は煙の上がる焼香炉に手をかざすのを忘れない。それぞれの道をあゆむ年ごろ娘四人の個性が際立つ巧みな演出に、仲見世参道裏や浅草界隈の描写が懐かしく、甘味屋の飯田蝶子が「かき氷飲んでかない」と誘う。

気の強い長女も次第に病院で人望ある山内先生の明るい人柄に気づき、絶交を解除して惹かれる気持ちが起きる。ある日「ぼくの気持ちを知ってほしい」と誘われて胸ときめかすが、言いにくそうな告白は「二女と結婚したい」だった。

姉として自分の心を抑えたのを知らぬ二女は天真爛漫。恋煩いの三女も立ち直り、浅草演舞場での踊り「お夏清十郎」には入院中の二本柳から大きな花輪も届いた。四女は店の働き者・高島忠夫と気が合っているようだ。

二女の結婚式を終えた夜、いつものように家族でちゃぶ台を囲むが、母は浮かない顔で「はやく結婚しろと言ったけど、いなくなると淋しいわね」と洩らし、「燗冷ましのお酒、あれ頂戴」と言って飲み干し、「じゃ俺も」と家族全員が飲み回す。翌日、気を取り直した「先生お姉ちゃん」は、今日も観音様に手を合わせて出勤するのだった。

四人姉妹の浅草版『細雪』は、芦屋の上流令嬢とはちがう親しみやすさに、たまらない温かみをわかせ、こういう映画はいいなあと心から満足させる。


（シネマヴェーラ渋谷）

牛を主役に名脇役結集

虹の谷

一九五五（昭和三〇）年　新理研映画会社・第一協団　八八分
監督：吉村廉・古賀聖人　原作：小山勝清　脚本：八木保太郎　撮影：瀬川順一・竹内光雄
音楽：佐藤勝　出演：月田昌也　左幸子　菅井一郎　英百合子　石黒達也　河津清三郎
薄田研二　清水元

＊左は自分の首のお守り札を繁にやるが、繁はそれを牛の首にかけてしまい、「私より牛が好きなんだ、バカ」と泣きながら駆けてゆく場面が好き。

森林で伐採した大木を牛に曳かせて山を下る仕事を「牛山師《うしやまし》」という。牛育て名人の爺（菅井一郎）の孫・繁（月田昌也）は幼い日、生まれてきた子牛に目を輝かせ、それを売るという爺に泣いて抵抗。爺はやむなく親牛の方を売り、繁は連れられる親牛を見送りながら、自分が親になると決心する。

成長した繁と牛は牛山師にデビュー、仕事熱心とよく育てた名牛で頭角を現す。親方（河津清三郎）は、牛なんか叩けば叩くほど働くと乱暴にこき使う荒くれ者（石黒達也）に眉をひそめている。直径二メートルもある巨木を牛五頭で曳くことになり、その一番引きは石黒の牛だが、いくら叩いても少しも動かず、親方は繁の牛と交代させて動き出す。面目丸つぶれの石黒は酔って繁の牛舎でいじめにかかり、逆に牛に押されて崖から落ち怪我をする。

牛山師の世界では人に危害を加えた牛は「虹の谷」で処分するのが決まりだった。それを実行せよと石黒に迫られ苦悩する爺をある夜訪ねた親方は、繁と牛をどこかに逃がせと忠告する。

舞台は阿蘇と雲仙をつなぐ広大な緑につつまれた山岳地。伐採された巨木が次々にどうと倒れ、枝をはらった長い丸太が急斜面を牛に引かれて猛スピードで滑り、先導の牛山師も飛び跳ねながらの荒っぽい仕事の迫力に目を奪われる。

繁は牛を連れて野宿しながら仕事をさがすうち、ある親方に拾われ水を得たようになる。親方の寄宿する家の娘（左幸子）は純真な繁にいつか心を寄せてゆく。

しかしそこに意地になった石黒が手下を連れて現れ、繁が渓流で牛を洗うのを見て、その上の急流をせきとめて丸太をため、定期的に放流して材木を流す「鉄砲関」を開け、たちまち繁と牛は大量の丸太の激流に首まで浸かって押し流される。心配して来ていた爺と左も急流沿いを走るが救けるすべはない。石黒はざまあみろというように見ていたがそのうち、自分を捨てて牛を助ける繁を見て改心し、自ら流れに身を投じ救出にむかう。

谷間を渡るケーブルリフトや大型トラックなどは、いずれ牛山師の仕事は消えてゆく予感をもたせ、山間の町の独特な盆踊りをドキュメンタリータッチで入れるなど、かつての山文化を記録しようとする姿勢が貴重だ。日本映画にめったに見ない、大自然に働く男たちのダイナミックな世界がすばらしい。主役は「牛」。見ているこちらもいつしか牛に感情移入してゆく。

この作品は、一九五二年から六〇年代末まであった、記録映画的作品を多く作った「新理研映画会社」と、俳優集団「第一協団」で製作、一九五七年『激怒する牡牛』のタイトルで新東宝により公開された。河津清三郎をリーダーとする第一協団は、奥村公延、清水将夫、田中春男、深見泰三らを擁し、この作品も河津、菅井、石黒、薄田研二、清水元が参加、さらに英百合子など、顔を見ればわかる日本映画を支える名脇役がいい。

（シネマヴェーラ渋谷）

ボルネオが舞台の異色作
南十字星は偽らず

一九五三（昭和二八）年　新東宝　九二分
監督：田中重雄　原作：山崎アイン　脚本：成澤昌茂　撮影：三村明　美術：進藤誠吾
音楽：斎藤一郎　出演：高峰三枝子　千田是也　若原雅夫　殿山泰司　千石規子
＊高峰と千田が心を通わし、南十字星を見上げる場面に流れる現地の曲がとてもロマンチック。

一九四三年、日本統治下のジャカルタ。混血の現地人・高峰三枝子は同郷の若原雅夫と結婚を誓うが宗教の相違がある。高峰は金の亡者の兄・殿山泰司に、お前は日本語がわかるからと、日本人知事・千田是也公邸に高給女中に入らされる。高峰は自国の占領者に仕えるのに抵抗があったが、千田の心優しさにしだいに惹かれてゆく。対日抗戦分子の若原はある夜、千田邸に忍び込んで高峰に見つかり、千田に重傷を負わせて逃げる。

日本にいる妻の死亡通知が来て千田は落胆するが、高峰の優しさにその死を受け入れる気持ちがわき、やがて二人は結ばれ子ができる。その誕生祝いの席で妻の死は誤報で生きているとわかり千田は悩む。高峰はこの地では二人妻は普通と素直に喜んで慰める。

戦況は悪化し日本は敗戦。千田は高峰に必ず迎えに来ると言い残して英軍収容所に入る。病気の一子をかかえた高峰は、旧日本軍に抑圧された恨みの市民から白い目で見られて生活は困窮。今は娼婦の元千田邸の女中に子を預け、決死の覚悟で街娼に立つ。

出所が決まった千田は収容所に高峰と子を呼び、一緒に日本へ行こうと告げる。しかしそこを出たところに現れた若原は子を抱く高峰に逆上して刺し、警備員に撃ち殺される。

励ます千田に高峰は「私は奥様のおられる日本に行くつもりはなかった、この子をたのみます」と息をひきとる。一子を抱いた千田は夜空の南十字星を涙で仰いだ。

＊

舞台はジャカルタだけで日本国内は一度も出てこない。俳優は全員日本人だが日本人役は千田のみ、他はすべて現地人役の薄い黒塗りメイク。千田と高峰の会話だけが日本語で、基本はすべてボルネオ語ゆえ日本語スーパーが出っ放しのこれは外国映画だ。

現地ロケしたとは思えないが、街並み、川で洗濯する民衆、広大な鉄条網収容所（中はイギリス人兵隊ばかり）など現地感はリアルで、夜の町辻のジャワ影絵や、パーティーの、首をカクッカクッと左右に振る民族舞踊なども本物だ。

美貌の高峰は運命の変転する混血異国人を懸命に演じている。新劇界の重鎮・千田是也は、話のわかる叔父様紳士役などおよそ一〇〇本もの映画に出演したが、初期のこれは堂々の主役で、大げさを排した近代演技術は作品のリアリティを高めている。必ずつまらない若原雅夫はいつもどおりつまらない。殿山泰司のボルネオ語は板について日本語を一回も発せず（だって知らないんだから）、早口の口論罵倒はもはやスーパーも出ない。

監督：田中重雄はこの異色の大作に正面から取り組み、手抜きのない仕事だ。私は田中重雄を追いかけており、これで十七本を見たが『永すぎた春』『東京の瞳』（傑作！）『東京おにぎり娘』（ダーイ好き）『真昼の対決』『愛河』『彼と彼女は行く』などは相当な上作だった。

終戦から八年。ラスト以外は実話に基づく原作だそうで、こういう映画が興行的に受ける予想のもとに作られた時代があったのだ。


（シネマヴェーラ渋谷）

山本富士子目当ての三人男

夜は嘘つき

一九六〇（昭和三五）年　大映　九三分
監督：田中重雄　脚本：笠原良三　撮影：高橋通夫　音楽：北村和夫　出演：山本富士子
中村鴈治郎　川崎敬三　加東大介　船越英二　永井智雄　有島一郎　角梨枝子
＊♪夜は嘘つき、貴方も嘘つき、私も……と、お富士さんはタイトルバックの主題歌も歌う大サービス。

銀座の関西割烹「灘幸」は親方・中村鴈治郎の料理と美人娘・山本富士子で繁盛している。今日も娘狙いの永井智雄、船越英二、有島一郎が次々に来店、それぞれに顔を立てて大忙しだ。しかし糟糠《そうこう》の妻を亡くして気落ちした鴈治郎は、店は板前・川崎敬三にまかせ、金庫から金を抜きだし競艇に明け暮れている。ある日金融業者が父親の借金抵当に店を渡せと言ってきて娘は頭をかかえた。さてどうするかの物語。

娘を落とさんと通う三人がいい。お姐言葉の流行作家・永井智雄は「もう忙しいのよ」と自慢しながら店紹介の週刊誌記事に協力し、勘定は出版社にさせる。銀座のクラブ経営・船越英二は

「支店を出すので夜九時以降はそっちに来てくれないか、互いに客をまわそうよ」と儲け話で口説く。金満社長の有島一郎は、いまだに独身で風采も上がらないが女たらしでモテ、熱海に連れ出したい。

娘は魚河岸の叔父さん・加東大介に相談し一計を案ずる。まず父に直談判、「それが親に言う言葉か」と大喧嘩のあげく父を家から追い出すが、行く先はねんごろの小唄師匠・角梨枝子（うれしいはまり役）の所と仕組んである。それを見た一本気の板前・川崎は「親を追い出すなんて」と激怒して店を辞める。小さいころから仕込まれ実父のように慕う実直な彼を、娘はひそかに好いていたのだったが。

次に例の三人に、隠れ家書斎、銀座クラブの自室、熱海の旅館で会い、落ちる素振りを見せながら一人五十万の借金を頼み、月末某日に持ってきてね、それからねと甘える。

その日、意気揚々とやってきた三人は一室で会い、互いに体裁わるく座る（この場面秀逸）。そこに加東登場。「このたび灘幸は株式会社となり、この富士子が社長、皆様は大株主に……」と開陳。あっけにとられた三人は「ここまでやられちゃ」と大笑いして意気投合、娘は深々と畳に手をつき涙をながす。川崎も真相を知って戻り、二人して魚河岸に行くのだった。

まことに良いお話をすべて適役でさばく監督：田中重雄の手腕は娯楽映画の鏡。日本一の美女・山本富士子が思い悩む顔アップを次第に照明をおとしてゆく余韻。それぞれの役者に存分に芝居させる見せ場つくりの脚本のうまさ。とりわけ「鱧《はも》は親方の包丁でなくっちゃだめ」と食通も披露する流行作家の永井智雄は、こういうのいると笑えるノリノリの役作りだ。

この作は好評だったのか田中重雄は翌年、お富士さんは鰹節問屋の娘、同じく中村、船越、川崎も出演の『夜はいじわる』を撮り、これまた大傑作。

（シネマヴェーラ渋谷）

ぜひカップルでご覧ください

永すぎた春

一九五七（昭和三二）年　大映　九五分
監督：田中重雄　原作：三島由紀夫　脚本：白坂依志夫　撮影：渡辺公夫　美術：柴田篤二
音楽：古関裕而　出演：若尾文子　川口浩　川崎敬三　船越英二　北原義郎　沢村貞子
角梨枝子　八潮悠子　美輪明宏
＊角梨枝子の大人の女の濃い味の魅力。誘惑されてみたい。

東大生の川口浩は、赤門前に昔から続く古書店の看板娘・若尾文子と結婚したい。川口の家は立派な実業家で、母・沢村貞子は家柄の違いを言って反対していたが、次第に若尾を気に入り、大学卒業後を条件に婚約を許す。

将来が決まって安心した川口は、結婚実現を熱心に願っていた時の緊張感を失ってきた。知り合いの画家・川崎敬三の個展で、女好きの川崎の愛人の商業デザイナー・角梨枝子に誘惑され、川崎はそれをにやにや見ている。

川口は若尾と結婚するまでは清い関係でいようと決めていたが、若い男ゆえ大人の女の誘いに迷い、同級生・北原義郎に相談すると「それもいいだろう」と答える。しかし川口が訪ねた角の高級マンションに、北原はやや遅れて若尾を連れて乗り込み「さあここで、自分の本心を言え」と消え、川口は角に決別を告げる。帰り道、若尾はほっとしつつも「(そんな気持があるのなら)どうして私に言ってくれなかったの、今すぐどうう」と訴えるが、川口はじっとこらえ、若尾は淋しげに去る。

川口の兄で人の良い船越英二は盲腸で入院。世話する美人看護婦・八潮悠子に一目ぼれして退院したがらない。見舞いに来た若尾はなんとなく危うさを感じたが黙っていた。はたして八潮の母は、若尾に気のある画家・川崎に「若尾を紹介する」と席を設けて謝礼をねだるなど、美人娘をタネに強請《ゆす》る常習だった。船越は若尾を連れて八潮の家に悠子との結婚申し込みに行くが、実態を知って席を蹴る。

婚約期間中にいろいろを見た二人に、卒業まではと言っていた川口の父も折れ、式をあげることにした。披露宴を抜け出した川口はそのまま卒業試験に駆けつけ、ウエディングドレスの若尾も後を追い、永すぎた春も終わった。

＊

冒頭「春」のタイトルになにやら詩がつき、以降「夏」「秋」「冬」と四章に分けた構成がしゃれている。

「春……」。両家の親の顔合わせの席。老舗古書店の学者肌の若尾の父と、世間に慣れていささか早とちりの川口の母は、同時に口を開いては黙り込み、以降「ごもっともです」の繰返しで会話が成立しなく川口と若尾は吹き出すばかり。新聞に「老舗古書店に詐欺被害」云々の小さな記事が出て、沢村は「新聞種になるような家とは」と断固決別を夫に言うが、これを見ろと渡された新聞には夫の会社の横領事件が大きく報じられ、沢村はあわてて猫なで声で若尾の母を歌舞伎に誘う。

「夏……」。川口に川崎の個展に誘われおしゃれして来た若尾を見て、ベレー帽にパイプの川崎はさらさらとスケッチを始めたが、書いているのは「ハダカニシタイ」の文字。「先に入っててね」と川口にメモを残して部屋に誘惑した角は、北原に連れられて川口の婚約者が現れ、あわてると思いきや「ふふん」とかわす。

「秋……」。川口が開いてやった若尾の誕生パーティーで川崎が若尾とばかり踊るので川口は機嫌をわるくする。売れない小説を書いている兄の船越は、父の前で悪びれずに八潮との結婚話失敗に頭をかき、酒に酔ってマンボを踊り出す。じっと見ていた父は「兄が若尾を連れて怪しげな女の家に乗込んだのは、世間を見させたんだろう」とつぶやく。

「冬……」。学生結婚の披露宴に並ぶお偉い東大のセンセイがえんえんと「結婚とは」と演説するのを尻目に二人は抜けだす。

女好きの川崎、人の良い船越。大映を代表する男優二人をいかにも典型的に使うのがよく、マンボを踊り続ける船越の後ろ姿にあるものをちゃんと台詞で表す奥深さも。

育ちはよいだろうが頼りない純情の川口、控えめに男をじっと見る目がアップをもたせる若尾はぴたり。各章に登場するシャンソン喫茶ではいつも美輪明宏がながく歌ってアクセントをつくる。中原淳一（人気女性ファッション誌『それいゆ』編集長）考証とある衣装は皆おしゃれに目を楽しませる。画面はつねにモダンで美しく、とりわけ角のマンションを出た川口・若尾が歩く、遠く電車の踏切りが見える夜道のセットはソフトフォーカスがじつに美しく、降りる遮断機が二人の溝を暗示しても、危機感はない甘さがにじむ。

戦前から活躍し、戦後は大映プログラムピクチャーでいつも工夫のある映画づくりを見せる田中重雄は、かかれば必ず見に行く監督の一人。二十二本を見たがベスト5は『南十字星は偽らず』『東京の瞳』『東京おにぎり娘』『夜は嘘つき』『実は熟したり』。本作は三島由紀夫の巧みな通俗小説を思い切りおしゃれに映画化して言うことなし。いつからか画面に「花瓶の花」を入れるのがこの監督の癖と思い始めたがここでも頻出。

明朗大映印そのもの、カップルで見るのに最適です

（角川シネマ有楽町）

鬼才、鈴木英夫に注目せよ

蜘蛛の街

一九五〇（昭和二五）年　大映　七七分
監督：鈴木英夫　原作：倉谷勇　脚本：高岩肇　撮影：渡辺公夫　音楽：伊福部昭
出演：宇野重吉　中北千枝子　三島雅夫　千石規子　根上淳　伊沢一郎　中条静夫　高品格
＊夫婦は音楽好きらしく、団地アパートにシューベルト、ベートーヴェンの肖像画がある。

国立映画アーカイブ「生誕一〇〇年　映画美術監督　木村威夫」特集の一本。

伊福部昭のゴジラ風音楽が盛大にかぶり、出頭する車から某局長が拉致される。事件を報じる朝日新聞社の街頭放送から本編へ。局長に証言されては困る首謀者・三島雅夫は、失業してサンドイッチマンで流す宇野重吉が、局長にそっくりなのに目をつけ、変装して多摩川あたりを歩き回る仕事を頼み、目撃者を作っておいて、自殺にみえるよう工作した。宇野は新聞で、自分に似る男の死体写真を見て利用されたと知る。三島は口封じに宇野を監視させ、暴走した手下は宇野を殺そうと追いつめる。

この作品は昭和二五年であることに注目したい。戦後間もない映画作りに豪華セットなど望むべくもなく外に出たキャメラは、否応なく当時の風景や生活感を写し、ロッセリーニやデ・シーカの「イタリアンリアリズム」と同じ映画的世界を作っている。戦後数年の映画の貴重さと特異性はそこにあり、そのうえでのサスペンス作品で、ここで鈴木英夫のシャープな映画性が生きている。建ち始めた団地や、職安の行列、新橋あたりのガード、戦後風俗の中の宇野重吉、中北千枝子がいい。

『日本映画監督全集』（キネマ旬報社）の鈴木英夫の項は、珍しく木村威夫の執筆で〈第二作『蜘蛛の街』は高岩肇の好脚本を得ての、宇野重吉、中北千枝子の小市民の生活の上に知らぬ間に不幸がしのび込む、リアリティのある恐怖劇であった。筆者は美術監督としてこの作品で初めて彼と組み、演出家としての純粋さに敬服した〉と書いている。

鈴木英夫ファンは多く、研究会もあると聞くが、上映機会のなかったこの第二作は満員だ。来ていた知り合い女性は「うなる鈴木節よね」と喝破。私は田中重雄を追いかけて見ているが、鈴木は田中重雄に師事したと知って納得だ。蛇足だが、いつからか鈴木作品には「砂利置き場」がよく登場すると気づき、今回も出てくる。

（国立映画アーカイブ）

三島由紀夫の戯曲を実験的に
燈台

一九五九（昭和三四）年　松竹　六三分
監督：鈴木英夫　原作：三島由紀夫　脚本：井手俊郎　撮影：山田一夫　音楽：池野成
美術：植田寛　出演：津島恵子　久保明　河津清三郎　柳川慶子
＊ホテルの窓から望見する灯台はセットだろう。お金をかけたのはここだけ。

出征したまま戦後も台湾に残った久保明が実家に戻ると、父・河津清三郎は津島恵子と再婚していた。久保とは五歳しか違わない若い美貌の母に、久保はたちまち恋心をいだき、久保の妹の女子大生・柳川慶子はその二人を察してはらはらする。

タイトルバックに夜の灯台が印象的に写る。進路を照らす明りであり、夜なお燃える情熱であり、回転する光は心の動きでもある。

妹の回想で始まる本編は、久保が復員した二年後、河津、津島、久保、柳川の四人が一家で伊豆大島に旅行に来た一夜の話。場所はホテルの夜の兄妹の部屋。つまりここが戯曲舞台。

妹の中座で二人になった久保、津島はおずおずと会話のための会話をするうち、次第に義母に言ってはいけない領域に入り、そこに何も知らぬ河津がウイスキーを手に入って来る。のぼせあがる久保はついに「お父さんに話があります」と言いだし、津島はあわて、戻ってきた妹は止めに入り……。

原作は三島由紀夫最初期の戯曲で（一九四九年『文學界』発表／三島二十四歳）題材はいかにも三島好み。

SP（一時間程度のショートピクチャー）にこれを取り上げた監督・鈴木英夫はこのとき三十五歳。第二作『蜘蛛の街』以来『殺人容疑者』『魔子恐るべし』『大番頭小番頭』『くちづけ』『彼奴を逃すな』『チエミの婦人靴』『青い芽』『危険な英雄』『脱獄囚』『花の慕情』（以上全部見てます）と多ジャンルで実績を重ね、テーマにストレートに迫る切れ味を見せていた彼が、「新進作家」の戯曲をどう料理したかが見どころだ。

舞台劇の原作を映画的に作り直す（散歩に連れだすとか、ばったり出会うとか、密会するとか、ロングショットとか、心象風景とか）ことはせず、画面が一室から出ることはなく、伊豆大島の風景は妹の双眼鏡で説明するだけ。どうということもない話をよけいに解釈せず、台詞まわしとカット割りのみで進め、三島の技巧話術を崩さずに描く。

一夜の回想が終わってふたたび冒頭（現在）にもどり、その後どうなったかが明される。どうなったと思います？　その解決に三島らしさを感じたが。

映画的映像はシンボリックな夜の「灯台」だけ。終わってみればこういう映画はあまりないなと気づく。ある意味の実験作だったかもしれない。ラピュタ阿佐ヶ谷のロビーに貼られた当時の劇場向け宣伝資料に宣伝文案がいくつか載っている。これあたりが適切か。〈許されぬ美しき義母に対する愛の告白！　若き青年の悩みを託して明滅する灯台の灯！　鋭利な感覚で描破する三島文学会心の映画化！〉

鈴木作品を最も多く手がけたプロデューサー金子正且によると、彼は正攻法を入念に貫く人で、サスペンスの演出がうまかった。俳優に厳しく、『燈台』の前の作『花の慕情』（一九五八）で司葉子は、華道に生きようとする女性を演じたが、静岡城跡のロケでダメ出しされ続け、恋する男性役の宝田明がそっとアドバイスした通りにしたところ「それだ！　何で最初からやらないんだ」と一発ＯＫになった（『銀幕に愛をこめて』宝田明：著／のむみち：構成）。二〇〇二年、下北沢の名画座での上映に司葉子様が見に来られ、終映後請われて立った挨拶で本作への愛着、監督への恩を語るのを聞き、この試練が後の代表作『その場所に女ありて』に結晶したのではと思った。

（ラピュタ阿佐ヶ谷）

司葉子はこの映画でレジェンドに

その場所に女ありて

一九六二（昭和三七）年　東宝　九四分
監督：鈴木英夫　脚本：升田商二・鈴木英夫　撮影：逢沢譲　音楽：池野成　美術：竹中和雄
出演：司葉子　宝田明　山﨑努　浜村純　大塚道子　水野久美　西村晃　織田政雄　森光子
児玉清
＊当時の広告の中心は新聞広告で、スタジオでのモデル撮影風景など懐かしい。

『蜘蛛の街』『殺人容疑者』『彼奴を逃すな』『脱獄囚』『悪の階段』など、セミドキュメンタリータッチによるサスペンスの名手として知られる監督：鈴木英夫の、名作の誉れ高い女性映画『その場所に女ありて』に、その特質はどう生きているかという関心を持って再見した。

銀座の広告会社に務める独身の司葉子は、製薬会社の新薬発表広告を受注する大役を与えられ、そのオリエンテーションの席上で、ライバル広告会社の宝田明を見かける。戻った社の会議で、「社運を賭ける新薬ならば冒険せず、社の信用を訴えるか」という上役に、デザイン制作室長の浜村純は「そうであればこそ、思い切って斬新な案でゆくべき」と主張するが退けられる。

宝田は上司と作戦を練り、自社制作ではなく有能なデザイナーに外注しようと決め、秘かにライバル社の浜村に交渉する。浜村は逡巡するが、年齢的にそろそろ限界を感じてきた自分の名声をもうひとつ高めようと絶対秘密を条件に受ける。

各社競合の末、残った二社のプレゼンを見た司は自社の敗北を知る。宝田に好意を抱き始めていた司は、ライバル社のプレゼンは宝田が浜村に作らせたものと知り、一室に浜村を呼びだす。

＊

一九六二年、復調した経済のもとに生まれた広告会社の熾烈な戦いを、大手代理店・電通をモデルに描いた作品。一九六九年、私がデザイナー入社した銀座の資生堂は、ほぼ隣りが当時の電通本社で、画面にたびたび映る建物や階段室、電通マンもよく知っており、描かれた世界は、クライアントへの営業裏表、予算規模などの情報収集、競合プレゼンの作戦、社内制作室の雰囲気、デザイナーの位置づけなど、たいへんリアルだ。

司の会社の野心あるデザイナー・山﨑努は、ある仕事で賞をとって増長し、自分の名前だけを出したと非難する制作チーム同僚を尻目に、化粧品会社にスカウトされて辞表を書く。私も化粧品の広告で二、三の賞をとってその後独立した身で、ひやりとする。

しかしこれは企業競争ものではなく、主題は、パワハラ、セクハラは当たり前の時代に働く女性だ。男社会を知った大塚道子は自らを男と化して、男言葉で若い男子社員を叱り飛ばす。しかし美人ＯＬ・水野久美が捨てられた男に貢ぐため会社の金に手を出しているのを知り、首根っこをつかんで化粧室に引きずりこみ、頬を殴って諭し、自らも泣く。

司は男社会ならその論理でゆくしかないとクールに割り切り、麻雀もどんどんつきあって勝つ。クライアント接待の酒席では美貌の武器もほどほどに使い、帰った下宿でウイスキーを飲む。映画は、ありがちな怒号とか、横暴とか、誇張を入れず、冷静淡々と進む。

その男たちへの監督の視線の厳しさ。司の会社に来た、姉の年下の夫で全く甲斐性のない中尾彬の金の無心をきっぱり断り「あなたとは縁を切りたい」と言う。その中尾がビルを下りてきて、山崎とすれ違うシーンはダメ男の交錯で、辛辣だ。山崎は化粧品会社に入ったがそこの制作陣とうまくゆかないから俺を手伝ってくれと言いだし、司はこれもきっぱり断る（ざまをみろ！）。

バーに誘った宝田に「あなたが、左手で女を抱き、右手で電話をかけると言われるやり手の方ね」と皮肉ると「この企業社会で壊されてゆく自分は、これでいいのかと思う……君は？」に、我にかえって自らを重ねる。実際、宝田は自分の行為を反省しており、姿勢をくずさない司の生き方に真剣な気持ちを持ち始めていた。しかしその告白電話にも司は「どこかでお会いしたらお酒でも飲みましょう、さようなら」とはっきり告げる。ラストシーンは、ファーストシーンと同じ数寄屋橋交差点を女性三人でわたる。

クールに、冷静に、愚痴をこぼさず行動する司葉子のすばらしさ！　上司らに宝田との交際を問われるが、「それはありました。しかし仕事とは無関係です。そのことで辞職を求めるのなら致しません。理由がないからです。ここで七年勤めさせていただいた経験をこれからも生かします」と、自分に言い聞かすようにはっきり言う口調、視線、手の置き所。その毅然たる姿に、上司はやがて「これは知らなかったことにしよう、これからも頼む」と肩に手を置く。

監督は、男社会を生きる女性を、手のうちのセミドキュメンタリータッチで描き、それゆえにこの名作は真に生きた。司葉子様はこの作品で永遠のレジェンドとなったのだ。

（新文芸坐）

雷蔵「剣三部作」の白眉

剣鬼

一九六五（昭和四〇）年　大映　八三分
監督：三隅研次　原作：柴田錬三郎　脚本：星川清司　撮影：牧浦地志　音楽：鏑木創
美術：下石坂成典　出演：市川雷蔵　佐藤慶　戸浦六宏　姿美千子　内田朝雄　香川良介
＊城主交替で、追われる身を知った佐藤慶は、同じ身となった雷蔵に「俺と一緒に脱藩しないか」ともちかけるが「俺には俺の闘いがある」と断られ、「そうか」と頷いて一人去る場面は、冷静合理主義者・佐藤慶の面目躍如。

信州の御殿女中と愛犬の間に生れたとされる斑平・市川雷蔵は、犬っ子と蔑まれながら、長屋で孤独に花造りに精をだし、腕を見込まれ城内の花畑造りを命ぜられる。

城主・戸浦六宏は奇行が目立ち、褒めたばかりの花畑を乱心して斬り結び、見かねた斑平は物陰から石つぶてを刀の手に投げ、落とさせる。それを見ていた小姓頭・佐藤慶は腕を見抜き、馬乗下役を申し付ける。

奇行の城主はいきなり馬の遠駆けに出るが家臣はその速さに追いつけない。斑平は速足は多少自信があると申し出、後を追って走り、城主の馬を追い抜いてくつわを取り、速足は評判となる。

ある日斑平は、山中で一人、居合いの稽古をする侍・内田朝雄を見て、自分は剣術は何も知らぬがと弟子入りを申し出て言われる。

「剣術は戦うものだが、居合術はただ一つ、襲う相手を刀を抜いて即座に斬り、鞘に収めるだけ。見て覚えよ」

何日も見続けた斑平は「あなたが刀を抜く瞬間が見えるようになりました」と言い、内田から「もう教えることはない、さらばじゃ」と太刀を譲り受ける。

城主の乱行を調べる幕府の公儀隠密が城下に入ったと知り、佐藤は斑平に掃討を命じる。斑平はどんな相手にも追いついて一刀で斬り、その中に居合いの師・内田もいて驚くが、内田は「お前に斬られて生き残れるわけはない、よく精進した」と言い残して息絶え、斑平はその場で譲られた剣を叩き割る。

藩内は、狂気の城主を引退させ新城主を迎えるべきと主張する若侍の革新派と、新城主は藩外者ゆえいずれ乗っ取られると危惧する城代家老・香川良介の保守派に分かれ、佐藤は保守派として、幕府に訴えるため脱藩する革新派たちを斑平に許状で命じて次々に斬り殺させる。

しかし騒動は城主の頓死であっけなく解決。いきり立つ革新派は数十名で斑平を斬る仇討ちに繰り出す。その現場は、斑平に心を寄せる村娘・姿美千子と二人で山中に作った壮大な花園の中。斑平は「犬っ子と言われた俺に、許状のない仇討ちをするのなら、それを斬ればよいのだな」と立ち向かう。

＊

巻頭から主題をくっきりさせた無駄のない画面が続き、余計な台詞や遊びは全くなく、花、速足、居合いのテーマが粛々と進む。戸浦六宏の狂った城主、冷静な能吏・佐藤慶はともにぴたり。内田朝雄の、静かに腰を落として一閃《いっせん》する居合い太刀さばきの鮮やかさ。そしてもちろん市川雷蔵。すべてのアップショットは台詞なしに心の動きを繊細に表し、これこそが映画の俳優だ。花を愛する「静」と、速足・居合いの「動」が、みごとに一身に収斂《しゅうれん》する。

雷蔵作品を最も多く（三十本）撮った森一生監督の言〈あの人のイメージは悲しみでありながら、シャシンが爽やかなんですよ。これがね、ちょっとない俳優さんだと思うんです。悲しみだけだったら新劇の連中がよくやりますね。変にもったいぶった表現になっちゃうけど（笑）。雷ちゃんのは、悲しみを突き抜けて爽やかなんですね〉（森一生・山田宏一・山根貞男『森一生映画旅』草思社）。まさにその通りだ。

監督・三隅研次は、リアリズムの黒澤時代劇、娯楽の東映時代劇に対して、武士道の精神性、立ち居、禁欲性、殺人技としての殺陣、日本刀の美、といったものを極度に先鋭的な美学で描き、一種の超時代劇を作った。極端なクローズアップや超遠景、シュールな画面はグラフィカルに美しく、時代劇の基本をしっかり押さえた演出はつねに端正で硬質。その美学は希代のスター市川雷蔵を得て、眠狂四郎シリーズや、『斬る』（一九六二）、『剣』（六四）、『剣鬼』（六五）に結集した。三島由紀夫は自作の映画化で『炎上』（一九五六／監督：市川崑）、『愛の渇き』（一九六七／監督：蔵原惟繕）、そしてこの『剣鬼』を推していた。ちなみにこの三作を「剣三部作」と名づけたのは私（雑誌『デイズジャパン』一九八九年／「三隅研次『剣・三部作』の危険な魅力」）と自慢しておこう。

斬り込んでくる相手をすべて一刀のもとに倒し、その度に刀を鞘におさめる大立ち回りは、華麗な花々と人斬りの対比が圧巻だ。全員を斬り、斑平も倒れ、追ってきた姿美千子が「斑平さーん」と呼びかける声が山間にこだまし、斑平はそこに吸い込まれたごとく一点の曇りもない青空の下の緑の山々を数カットかさねて映画は神話的に終わる。この美学。監督の特異な才能が百パーセント結晶した、名作中の名作。

（角川シネマ有楽町）

たたき上げベテラン刑事と新人警官

闇を裂く一発

一九六八（昭和四三）年　大映　八三分
監督：村野鐵太郎　脚本：菊島隆三　撮影：上原明　音楽：山下毅雄　美術：間野重雄
出演：峰岸隆之介　佐藤允　露口茂　加藤武　高原駿雄　高橋悦史　北村和夫　浜田ゆう子
＊筆者がこの作品を見たのは二〇〇九年、文芸坐の「和田誠のおすすめ特集」上映で、故・和田さんの目くばりに感嘆した。

峰岸隆之介を含む警視庁の若手三人は、近づくメキシコオリンピックの射撃出場を目指し練習していたが、射撃コーチ監督から至急本庁に行けと命令される。ライフルで一人を殺した男（佐藤允）が子供を盾に逃走中。子供の命優先に三日間の報道管制を敷く捜査は、場合によって即射殺、そのために腕利き三人が呼ばれた。峰岸は自分の射撃はスポーツで人を撃つためではないと不満だが、「その前にお前は警察官だ」と叱咤される。三人はベテラン刑事の露口茂、加藤武、高原駿雄にそれぞれ配置される。

露口、峰岸組は犯人が立ち回るかもしれない墓のある寺に張り込む。露口は峰岸を公費で好きなことをしていると批判的な目で見、峰岸は露口を勘を頼りの古くさい刑事とみる。

犯人が工事中の団地に逃げたと知った二人は急行し、まだ空き部屋ばかりの大団地をしらみつぶしにするうち、峰岸は遠くにライフルを手にした犯人を目撃、撃とうと構えるが躊躇、天に空砲して犯人を逃がしてしまう。なぜ撃たなかったの問いに、子供がいるかもしれないと答えたが、本音は人を撃ったらオリンピックには出られないかもという気持ちがあった。

捜査三日目、子供は無事保護されたという知らせにひとまず安堵した二人が寄った居酒屋に、犯人が近くにいる急報が入り、かけつけた露口は一人立ち向かって射殺される。沈鬱《ちんうつ》な捜査本部に、犯人は情婦に現金を持ってくる指示をしたとわかり、受け渡しに指定されたのは試合中の東京球場だった。露口の殉死を受け入れられない峰岸は、まなじりを決して立ち上がる。

＊

冒頭、本庁に呼ばれた若い三人の後ろに座る、いかにも叩き上げの露口茂、加藤武、高原駿雄に、これは好配役だとひと膝乗りだす。一日目の夜、峰岸は射撃仲間に「自分は露口にとけ込めない」ともらすが、その露口は銃を構える犯人に「刑事を殺したら死刑だぞ」と単身立ち向かい逮捕した伝説の人と教えられる。露口と峰岸は本庁玄関で上級本部長とばったり出会い、本部長は露口に「おお、久しぶり」と声をかける。二人は警察学校同期だったが、露口は犯人逮捕を天職として出世コースを降りていると知り、仕事に誇りを持つ人柄に次第に好意をもってゆく。

居酒屋で「この三日で私は成長しました」と言う峰岸に、露口は「お前が射撃にうち込むのは、俺が逮捕にうち込むのと同じかも知れんな。多分これで現場は離れ、練習に戻れるぞ」と話し、喜んでコーチ監督に電話している間に露口は飛び出して射殺される。「一緒に行かなければならない俺が」と後悔悲嘆にくれる峰岸に、加藤武は「露口は見ているぞ」と声をかける。

射撃練習のトップシーンから研ぎ澄まされた構図の画面で、捜査を追いながら人物を描いてゆく展開は静かに果断ない。白黒の前科写真だけが示される佐藤允は、大詰めにようやく東京球場のスコアボード裏にライフルを持って現れ、登場感十分だ。

ベテラン刑事と若手の組み合わせは、黒澤明『野良犬』（一九四九）の志村喬・三船敏郎に始まり（かな?）、パターンになったが、この作品も峰岸（赤木圭一郎そっくり）の初々しさと、露口のぶっきらぼうだが一途な役作りが最高で感情移入してゆく。露口が撃たれた時はほんとに悲しかった。刑事バディ（コンビ）ものの引き締まった秀作。

（新文芸坐）

島崎雪子は最高にいい女！

夜の緋牡丹

一九五〇（昭和二五）年　新東宝　一〇五分
監督：千葉泰樹　原作：八田尚之　脚本：千葉泰樹　撮影：鈴木博　美術：下河原友雄
出演：伊豆肇　島崎雪子　月丘夢路　千明みゆき　龍崎一郎　勝見庸太郎　志村喬
＊月丘が客とダンスするクラブで歌うのは、私の大好きな最高の美人歌手・新倉美子。歌って役もある『青春ジャズ娘』（一九五三／監督：松林宗恵／共演：片山明彦・高島忠夫・フランキー堺・江利チエミ・トニー谷・天知茂）も大傑作。ＤＶＤが出ています。

小説家志望で貧乏な伊豆肇は戦友らしき人物の遺骨を持って料亭で酔いつぶれ、呼んだ「ダンス芸者」島崎雪子におこされ、半裸のお座敷ダンスを見るが、金がなく、有り金すべてと上着を出す。島崎は「これでは何分の一にもならない」と、それを持たせて帰す。

後日伊豆から「今回はここまで」と工面した五〇〇〇円札が送られてきて、その正直を気に入った島崎は住所を頼りに伊豆の貧乏下宿を尋ねて難しい本が並ぶのに驚き、尊敬と好意をいだき、そのまま「私が面倒をみる」とばかり、ずるずる居つく。

美貌を武器にクラブで働く小説家志望の月丘夢路は、男前の実業家・田崎潤に高価な指輪などいろいろプレゼントされ、満を持して熱海に誘われてついてゆき、田崎が風呂に入っている間に、贈られた品々と、書き置き「いろいろ勉強させていただきました」を残してドロンする。「みごとにやられた」と頭をかく田崎に、古くからの相棒・龍崎一郎は笑う。クラブを経営する龍崎と田崎は、どうやら怪しい過去をもつ同士らしい。

伊豆と月丘、境遇は違う二人の小説家志望の話が並行して進む。

親切で気がよく無邪気な居候島崎は、逆さ吊りでキスするなどサービスするが「これでは自分はダメになる」と悩む伊豆を、故郷の伯父で僧侶の高堂國典が「嫁を世話しよう」と尋ねてきた。女物のある室内に「その必要はなさそうだ」とつぶやくが、伊豆から女と別れたいと相談され故郷へ帰る切符を渡し、自分は布団をかぶる。帰ってきて驚く島崎を高堂はまじまじと見て「これはいい女だ」と直感する。

伯父の寺に身を寄せた伊豆は、追って訪ねてきた島崎との暮しで落ち着きを取り戻し、滝のある池で女ターザンよろしく裸で木蔓で遊ぶ島崎に、自分も池に飛び込んで戯れ、執筆もぐんぐん進む。

他方、月丘は田崎から再び戻された品を届けにアパートに来た龍崎の紳士ぶりに、これこそ私の理想と目を輝かせ、「私を愛の対象にしてはいけない、近々逮捕されて入所になるかもしれない」と一線をひく姿勢にますますあこがれがわく。

伊豆、月丘は文学新人賞を同時に受け、ここで二つの話がようやくシンクロする。祝賀会を終えた伊豆は、自分が世話になった安居酒屋に月丘を誘い、堅物の店主・山本禮三郎は、「よし、今日は祝いに貸し切りだ」とがんがん飲ます。

二人は旅館の一室で服のまま寝ていて気づき、居酒屋店主の山本が酔って足腰の抜けた二人を旅館に運び、「二人を信じ、あえて一室にする」と言っていたのを思い出す。無邪気で教養のない島崎と対照的なインテリ月丘に憧れた伊豆は、そのまま月丘のアパートに居すわる。月丘もまたこれはこれで小説の材料になるかもとそうさせたが、そろそろ出ていってほしい。一方、受賞で上京したきり一ヶ月以上も音信のない伊豆に島崎は不安がつのる。

そんな時、ぼろぼろの服で白い杖をついた男が月丘のアパートにたどりついた。月丘はかって、北海道の大学教授で、恩師の娘を妻にもつにもかかわらず女にだらしがない北沢彪に誘われ、とち狂った北沢にカミソリで切られて入院した経緯があった。そのことが原因で北沢は大学を追われて失明し、今は月丘を恨んで探しまわっていた。

下宿に戻った伊豆は、再び献身的に尽くす島崎に口もきかず、ふて寝をくり返す。何日か過ぎてあきらめた島崎は衣服を調え、盆で酒を差し出し「どうぞこれを飲んで、さようなら、幸せに」と言うが、伊豆は布団をかぶる。見ているこちらは「この大馬鹿者、どうして島崎の純粋がわからないんだ！」と切歯《せっし》扼腕《やくわん》する。島崎は反応のない様子に、静かにその酒を飲み出てゆく。

伊豆が月丘のアパートを再訪すると、彼女は龍崎からの呼び出し電報でそちらへ向い、伊豆は物陰に隠れる北沢に気がつかないまま月丘の跡をつけて出る。

月丘を待っていた龍崎は「金を使い込んだ田崎の身代わりで自首したが、調べがついて無罪となってしまい、戻ってきた」と言う。月丘は文学上の野心もあり田崎を翻弄したが龍崎には通用せず、その純粋にひかれて結婚を申し込む。龍崎は詰めた小指を見せ「こういう過去をもつ自分に資格はない」と拒むが、彼も心が動かされる。見つめあう二人のところに来た酔った伊豆は、自分は月丘に振られたとはっきり自覚する。事態を察した龍崎は「ここは男同士で話をつける」と月丘を帰す。

龍崎は引き出しから拳銃を二梃だし「一発ずつ入っている、時計が十二時を指したら撃ちあおう」と渡す。度胸のない伊豆は直前で崩れ落ちるが、龍崎も「俺も先に撃とうかと迷った」ともらす。

下宿に戻った月丘は待ち伏せしていた北沢に惨殺され、北沢も死ぬ。

島崎は伊豆の下宿で首を吊る用意をしていた。しかし階段下に、目が覚めてぼろぼろになって帰ってきた伊豆を見つけ、顔を輝かす。

＊

ワンシーンをあまり長くせず、対象に接近移動するカメラを駆使し、ここぞと顔アップを入れる演出は精妙そのものに複雑な物語を解いてゆく。

——そして、島崎雪子の愛らしさよ!!　漫画しか読まないのを伊豆にバカにされても「フフン」と相手にせず、お座敷で稼いでは酔って帰り「お仕事やめて飲みましょ」とするすると着替える無邪気さ。その一途な心にはみじんの邪心も無く、映画にかってこんなにいい女がいたかと思わせる。

文学志望の対照的な二人を軸にした物語は三島由紀夫のように巧妙。ところどころ入る、主題歌に合わせて町をさすらう島崎のシーンもいい。ぽくぽくと読経する高堂も珍しく台詞が多くていい。島崎のお座敷ダンス、逆さ吊りのキス、女ターザン、そのすべてがすばらしい。

（神保町シアター）

オールドミスの心の中

丘は花ざかり

一九五二（昭和二七）年　東宝　一一九分
監督：千葉泰樹　原作：石坂洋次郎　脚本：井手俊郎　水木洋子　撮影：中井朝一
美術：松山崇　音楽：服部良一　出演：木暮実千代　杉葉子　上原謙　池部良　山村聰
高杉早苗　志村喬　清水将夫　中北千枝子

＊芝浦あたりの岸壁で話す杉葉子と高杉早苗を探してきた池部良と志村喬が、「泳ぐか」といきなりパンツ一丁になり、ざんぶと飛び込むのにびっくり。

杉葉子は出版社の入社試験面接で社長を紹介され「存じ上げております」と答える。社長が「どこかで会いましたか？」と聞くと、ややためらって「銀座のバーでお見かけしました」と答え、面接官一同は面白がりひとひざ乗り出す。

社長「その時私は何をしていましたか？」、杉「（ためらうが）きれいなママさんの腰に手をまわして炭坑節を歌っていらっしゃいました」に一同爆笑。あわてた社長は末席の池部良に矛先を向け「君もいたね、そうだったかい？」「はい、ご機嫌でした」となりぎゃふん（池部の登場させ方うまい)。社長は「炭坑節はよくできた歌だ、君も編集希望なら…」と取って付けで格好をつける。

この冒頭の見どころは社長の隣で、面白いお嬢さんが来たと、鉛筆をもてあそびながらにやにや見守る編集長・山村聰だ。山村は会社重役や作家役が多いが、『魚河岸帝国』(一九五二/監督:並木鏡太郎)の荒っぽい河岸顔役、『河口』(一九六一/監督:中村登)の美術オタクなどで、かなり役を愉しむ人であると知ってきて私はファンになった。この編集長は、はまり役だが、そのはまり方のうまさ。

杉の姉・木暮実千代は、申し分ない夫・清水将夫がありながら、言葉巧みなキザ紳士・上原謙に胸をときめかす。杉はやもめ編集長・山村の幼い子二人からおばちゃんとなつかれ、過労で倒れた山村を看病して老母からも頼りにされるうち、恋心を抱くようになる。

＊

残業を終えた杉が、編集部の有能なオールドミス・中北千枝子に誘われる場面がいい。

一人暮しの中北は朝も夜も行く場末の定食屋に杉を連れ、慣れた手つきでさんま定食をとり、コップ酒を手に、美人でない自分は山村に憧れ、仕事で認められようとしているうちにこの歳になってしまったと煙草をふかす。それまで編集長付となった若い杉につんけんしていたが、同じく山村に興味をもつと知って、持ち続けた恋心をあきらめた自分の姿をさらけだすこの場面の演技は絶妙で、メインの物語に挿入した淋しいオールドミスが忘れられない。

ある夜、山村の家を訪ねた杉は結婚したいと告白する。「子供も慕ってくれるし、お母さんも」と訴える杉に、山村は「それに、ぼくには多少の地位も財産もあるしね」と言って立ち上がり、背を向けたまま「若い君は、自分の力で道を切り開くことが大切だ」と説き、杉は「でも好きなんです」と泣き崩れる。この場面の山村は、自身も利発な杉を憎からず思い、そうなればわが家も安定するが、その情よりも若い将来を思ってあえて突き放す心情を背中ひとつで表す。

姉は世間知らずゆえに迷った上原への恋から目が覚め、妹は山村の言葉でさっぱりと割り切れ、会社で対等に話していた若い池部良を見直す。

ドンファンを自認する上原にも裏があるエピソードなど、展開豊かにさばく千葉泰樹の手腕はあざやか。中北千枝子はこの作品で毎日映画コンクール、ブルーリボン賞助演女優賞を受賞、その後東宝の大プロデューサー・田中友幸と結婚したと知り、よかったなーと思った。


（神保町シアター）

社長シリーズのもう一つの影

裸の重役

一九六四（昭和三九）年　東宝　一〇三分
監督：千葉泰樹　原作：源氏鶏太　脚本：井手俊郎　撮影：西垣六郎　音楽：團伊玖磨
美術：阿久根巌　出演：森繁久彌　宮口精二　有島一郎　児玉清　東野英治郎　柳永二郎
加東大介　星由里子　団令子　草笛光子
＊役者・森繁久彌のうまさに舌をまく。純な児玉清もいい。

丸の内の大手企業・中央商事の取締役営業部長・森繁久彌は妻を亡くしたが一人娘・星由里子がいる。会社では仕事一筋のやり手で、今日もミスした若手社員・児玉清をこっぴどく叱り、見込みがない社員と見限る。万年平社員で妻の病床がながい宮口精二に定年後の嘱託採用を懇願され、にべもなくするが、それでもと旧知の町工場・上野機械の社長・有島一郎に再就職を頼む。人情家の有島のもとで宮口は水を得て、いたたまれず森繁に辞表を出してすぐ了承された児玉を自社に誘う。

森繁は常務に昇進した祝いに大株主・柳永二郎の席に呼ばれ、柳から、息子の嫁に君の娘をどうかと聞かれ、同席の社長はそうなれば仲人をつとめると言う。まとまれば将来の社長の座は確実だ。しかし星は自分には好きな人がいると逃げ、その相手が見限った部下の児玉とわかると烈火となり、絶対に許さぬと突き放す。

　高度成長が始まった大手商事会社の猛烈出世主義の典型の森繁は、娘の反旗の理由が全くわからず、宮口に、児玉に身を引くよう説得してくれと頼む。一夜、貧乏ながら家族に生きがいを持つ宮口のボロ家に呼ばれた児玉は「わかりました」と答える。

　この後がいい。夜の公園で星にそう告げる児玉に星は敢然と、自分は家を出てもあなたについて行くと言い切り、そうする。万策尽きた森繁は娘と児玉を呼び出し、児玉も決意を固めて待つ。現れた森繁はしばらく黙り、絞り出すように「二人で幸せになれ」と言った。

　大株主の息子の求婚を断り、首同然の男と結婚させた森繁の社内での影は薄くなった。自信も失い、一人暮しの淋しさでノイローゼになった森繁は夜の町をさまよううち、街娼の団令子に声をかけられ、おでん屋台に入る。ここから先は書くまい。心配しなくても結末はハッピーエンドとだけ書いておこう。

＊

　見終えてこれは東宝十八番の喜劇「社長シリーズ」を、おなじみの有島一郎や加東大介を配しながら、全く逆から描いた作品とわかった。こちらの森繁は部下を叱り、上に尽くし、通用しない自分に悩み、居場所をさがす。断腸の思いで結婚を許す場面は涙なしに見られない。一方、非情な大手企業と対照させた町工場の社長・有島の人間味ある人格の温かさ。宮口が「自分は出世はできなかったが、病気の妻を裏切る事は一度もなかった、それは信じてくれると思う」という述懐を隣室の病床で聞き涙する妻。

そして普段はお飾り的美人の星が、一人の男を信じたらどこまでもついてゆく強さを見せてさらに美しい。団令子の純真、森繁の愚痴の聞き役であるクラブマダム・草笛光子の魅力。社長シリーズで手慣れた役どころはシリアスな画面でも説得力十分。サラリーマンものを得意とする東宝の厚みと、監督：千葉泰樹の手腕が一致してすぐれた作品になった。

（新文芸坐）

六〇年代の大学映研で圧倒的人気だった

狼の王子

一九六三（昭和三八）年　日活　一〇四分
監督：舛田利雄　原作：石原慎太郎　脚色：田村孟・森川英太郎　撮影：間宮義雄
音楽：伊部晴美　美術：千葉一彦　出演：高橋英樹　浅丘ルリ子　川地民夫　加藤嘉
石山健二郎　鈴木瑞穂　垂水悟郎　チコ・ローランド　藤竜也　ミッキー安川
＊社会改革よりも小さな幸せに生きようと決めた浅丘が、買物帰りに子供たちの縄跳びに加わる場面が泣かせる。

昭和二五年、敗戦直後の北九州若松。米軍相手にかっぱらいを続ける浮浪児五人組は、黒人兵のチコ・ローランドにかばわれる。チコは少年タケに「戦争に負けた日本は犬のようだ、お前は狼になって闘え」と言い残し、始まった朝鮮戦争に出兵してゆく。港湾を仕切る日下組の親分・石山健二郎は浮浪児タケの眼に狼を感じ、特攻隊で死んだ息子の代わりに二代目若大将として育てると決める。

十六歳になったタケ（高橋英樹）は身体を持て余し、台頭する加納組との喧嘩に飛び込むが、そこには浮浪児仲間の一人で加納組に入った川地民夫がいて、再会を喜ぶが敵同士とも知る。石山は喧嘩で脚を折った高橋を「男はそげな怪我でひるむな」と病院から連れ出し町の中を歩かせる。そこを襲った加納組の三下に石山は刺されるが、高橋は追うことができなかった。

事件の裁判で証人として出廷した高橋は、傍聴席で腹に巻いた晒しから拳銃を出し、ためらわずその三下と親分を射殺し、拳銃を置いて裁判長に両腕を差し出した。

少年刑務所で三年の刑を終えた高橋を塀の外で迎えた日下組の組頭・加藤嘉は、近くの路傍の茶店で盃を上げ「愚連隊のような加納組のため日下組は落ちぶれ、あんた若大将も狙われている。今すぐ東京に身を寄せ、再興のときを待て」と着替えと拳銃の入った鞄を渡す。

その東京の右翼団体に挨拶に行くと、国会を取り巻く反安保デモ隊の妨害に向かわされ、世の中から離れていた高橋は、学生デモ隊に激しく襲いかかる警官が何のことか分らずぼう然とし、デモ隊にチコがいて殴られ負傷するのを見る。かつぎこまれた病院には怪我人が重なり、取材していた女記者・浅丘ルリ子（ここで登場）は無自覚な高橋を激しく非難する。チコは朝鮮戦線から脱走してきたと知った高橋は「闘えと言ったのはお前じゃないか！」と去る。

それから二年。安保条約が改定されると世はたちまち経済復興享楽ムードになった。クリスマスに派手なクラブに遊びに来た浅丘は、そこの用心棒となっている高橋に気づき、「社会を正そうと赤旗を振り、嵐が過ぎるとこのお気楽、私たちの反抗ってこんなものよ」と自嘲する。たまたま現れた川地民夫は久しぶりの高橋に、今や若松の俺達も中央の大きな組と手をつなぐ時代だと誘う。高橋は世の動きについてゆけないまま、浅丘との暮しに埋没してゆく。

若松から二人の住まいを探し当てて来た加藤は、日下組親分の八周忌大興業を打ち、加納組を蹴落すので戻れと高橋に迫るが、もうそんな時代ではないと断られ、腑抜けとなった姿に憤然として去る。浅丘はそんな高橋に安心し、小さくても毎日楽しいことがある暮しを夢みて二人の新居団地に引っ越しする。

興業を邪魔された加藤は単身、加納組の花会に斬り込んで討死。それを伝える組からの電報は「スグカエレ」だった。行くのではないかと恐れた浅丘は懸命に無意味を訴え、自分たちの幸せをと懇願するが、黙する姿に無駄を悟る。「自分は狼であったはずだ」と日覚めた高橋は単身北九州に向かう。

*

アバンタイトルの冒頭で激しく息をする狼をアップでとらえ、それを注視する五人の浮浪児でこの映画のテーマがくっきりと示される。戦後のマッカーサー進駐から、サンフランシスコ講和条約、メーデーの車両炎上、水爆実験、浅沼稲次郎暗殺、安保反対デモ、国会の強行採決、その後の経済復興まで、絶え間なく挿入されるニュースリールは日本の戦後史を通観し、そのうえでの今、忘れてはいけないものがあるのではないかと鋭く問いかける。

渾身のテーマに監督の演出は引き締まり、北九州ロケもふくむ撮影は大掛かりで、市内をゆく石炭貨物車に引きずられる石山健二郎など俳優も熱演。激しい安保反対デモの現実映像と再現映像のカットバックにちらりと浅丘を見つけた驚き。クラブで酔ってかつぎこまれた自分のアパートで、社会に無関心な高橋を攻撃する浅丘は、彼女本来の主張のある女性を演じて最高だ。せまい部屋の二人だけの場面は精妙な照明が心理を照らし出す。

また組頭の加藤嘉。日本の俳優で怒りの演技が最も怖いこの人が、渾身の憤怒を炸裂させる。いかにも北九州ののぼせもん組員の川地民夫もぴたりのはまり役。右翼団体でひそかに高橋を監視する垂水悟郎は、しだいに彼の人間に惹かれてゆき、浅丘の部屋に高橋がいることを知りながら、聞こえよがしに「北九州から呼び帰すように言ってきたが行くな、そしてオレがあばよと言っていたと伝えてくれ」と帰る名場面。

そしてストイックな高橋のすばらしさ。法廷で相手の名を確かめるといきなり射殺してその場で自首する眼。戻った北九州でも単身まっすぐ敵の組に入ってゆき親分二人を即座に射殺する眼。「自分は狼」にこれほど適役はなく、文字通り代表作だ。

＊

この社会的テーマが、日活アクションの手法で作られていることに映画的な完成度をみる。ラストシーンは、忙しい新聞社デスクで北九州の親分殺しを知った浅丘が窓から外を見る大きなビルを、次第にロングに引いてゆき、悲しげなトランペットソロがくっきりと主題を印象づける。

この作品は、私が一九六四年に上京して入った大学の映画研究会で圧倒的な人気だった。それは前年の安保反対デモの挫折から生まれた心理にストレートに突き刺さる「自分たちに迫った」

映画だったからだ。
ながい間、日本映画を見続けてきたが、日活のルーチンとも見える中に、まれにみる、問題意識を持った傑作が生まれていた感動でいっぱいだ。再上映あらば必見！

（シネマヴェーラ渋谷）

なにしろ哲也がカッコいい

紅の流れ星

一九六七（昭和四二）年　日活　九七分
監督：舛田利雄　脚本：池上金男・舛田利雄　撮影：高村倉太郎　音楽：鏑木創
出演：渡哲也　浅丘ルリ子　藤竜也　宍戸錠　杉良太郎　松尾嘉代　奥村チヨ　山田真二　深江章喜
＊クールなルリ子と対象的に、哲也のことが好きで好きでたまらず「捨てないで」と哀願する松尾嘉代が泣かせてダーイ好き♡

東京の高速道でかるーく一発、頼まれ仕事で敵の親分を撃った渡哲也は、神戸に高飛びして組に身を隠すが退屈でたまらなく、波止場埠頭の揺り椅子でファンキーハットを顔にのせ、毎日昼寝だ。

今日は組の広い空き部屋で寝ていると浅丘ルリ子が訪ねてくる。

「どなたかいらっしゃいませんか」

「誰もいねえよ」

「そちらさまは？」

「知らねえよ」

哲也が被るハットに空けた小穴からのぞき見えたのは、青いドレスに身を包んだ水も滴るいい女（穴形に丸くトリミングした画面で、すらりとした脚から顔までゆっくりパンアップ）。こいつはイカスとハットをはずし「何か用かい」と応じる。彼女は、哲也が先日殴り飛ばした公金横領で逃げてきた山田真二の婚約者で、彼を探しに東京から来たのだった。目ぼれした哲也は探すのを手伝うよと言いながら何かと彼女を口説くが、気位高いルリ子は相手にしない。そのうち哲也は味方からも命を狙われるようになり……。

という物語はさておき、役名「五郎」哲也のとっぽい魅力！ 組のクラブの内部屋で、山田真二に「あなたのような人たちとはかかわりたくない」と言われて頭に来て、いきなりぶっ飛ばすが（山田真二かわいそう）仲に入られて止め、フンとばかりハットで顔を隠した棒立ち腕だらりで肩だけかるく揺すってゴーゴーダンスに合わせて踊るカッコ良さ！ キャメラがパンすると奥村チヨが「北国の青い空」を歌いながら猛烈なモンキーダンス中。しびれるなー。

ストイックな役の多い渡哲也がここでは一変。何ごとも投げやりだが、いい女には調子よい男を生き生きと演じる。ルリ子に、当時はやっていた荒木一郎の「いとしのマックス」を〝♫オーレはぁ好きなんだよ～〟と替え歌しながらまといつき「ねえ、やらせろよ」「下品ね」「男と女は好きになったらやるんだよ」「ものごとには順序があるでしょ」「ちぇ、だから女はめんどくせえんだ」の調子。

だが、ツンとお高くとまっていたルリ子は哲也に惹かれてしまい（ここがパターン映画のよいところ）、「あなたが好きよ」とホテルのベッドで脱ぎかける（待ってました！）。しかしそのとき哲也は殺し屋・宍戸錠に消された弟分・杉良太郎の復讐に……。

哲也が口笛を吹く主題曲は、想いを込めてたびたび挿入される神戸の全景にフルート独奏で冷え冷えと繰りかえされる。哲也の犯罪をかぎつけながら友情を感じ、むしろそれ以上罪をかさねさせないためにつきまとう刑事・藤竜也の二人をロングショットに置き、会話だけ聞こえるなど撮影は冴え渡り、美術・木村威夫の赤の差し色が画面をポップにする。

すべての仁俠映画のパターンが奇跡的に集約され、三島由紀夫に「あたかもギリシャ悲劇」と絶賛された『博奕打ち　総長賭博』のごとく、日活無国籍アクションの荒唐無稽がスタイリッシュに集約されたこれは「あたかもアメリカンポップアート」。ジャン・ギャバンの名作『望郷』を借りて裕次郎で作った『赤い波止場』を、九年後に同監督で同じ神戸を舞台に、タッチを全く変えてリメイクした作品。あなたは絶対好きになる。

（国立映画アーカイブ）

世界の三船がタクシー運転手

吹けよ春風

一九五三（昭和二八）年　東宝　八二分
監督：谷口千吉　脚本：黒澤明・谷口千吉　撮影：飯村正　音楽：芥川也寸志
出演：三船敏郎　小泉博　岡田茉莉子　青山京子　越路吹雪　小林桂樹　藤原釜足
三國連太郎　小川虎之助　三好栄子　山村聰　山根寿子
＊タクシーで流す小さなロードムービーでもあり、終戦間もない東京の道路、そこを走るクラシックな車などが貴重だ。

タクシー運転手の三船敏郎がバックミラーから見た人間模様を、八つのエピソードで描く。

後部シートに座る婚約中らしい男女は口喧嘩を始めるが、男は運転手の目をかすめて彼女を押し倒して長いキス。ややあって起き上がった女は「ねえ、なにか食べていかない？」と甘い声。見ないようにしていた三船はニヤリ。「釣りはいらないよ」と降りたのが小泉博と岡田茉莉子だからたまらない。

出演中の日劇の楽屋口のファンの群れからタクシーに逃げ込んだスター越路吹雪に「どこでも

いいから行って頂戴」と言われた三船は落葉美しい外苑銀杏並木に行く。停車した三船が「女房がファンでサインいただけますか」と渡した紙の落書き、当時のヒット曲「黄色いリボン」の替え歌〝おいら～の黄色い車～、カタチはいささか旧いけど～〟をみつけて越路は歌い出し、二人は声を合わせる。

「乗車賃、倍払う」と乗せた男客に嫌な予感がしたが、はたして警察に追われていて、ピストルを突きつけ「声出すと撃つわよ」と言う女言葉のオカマは三國連太郎！

などなど、限定されたバックシートでここぞと芸を披露する小林桂樹、藤原釜足、小川虎之助、三好栄子らがすばらしい。何か裏がある復員兵の山村聰は何年ぶりかで子供たちに会うのをためらい、妻・山根寿子は必死でそれをなだめる。重苦しい雰囲気を察知した三船は黙っているが、復興した銀座から宮城《きゅうじょう》、上野駅、千住大橋と家が近づくにつれ山村の表情はかわり……。私はデビューころの山村聰のファンでその演技力に感嘆した。

三船を、例えばお手柄をたてるとか、人生訓で改心させるとかの見せ場を作らず、ただ淡々と狂言まわしに運転だけさせているのがとてもいい。おそらくこれが人間三船敏郎の地柄ではないかと心ほのぼのとしてくる。洗練されたウエルメイド小品の典型だ。

（ラピュタ阿佐ヶ谷）

アクション路線以前の日活文芸作

銀座の女

一九五五（昭和三〇）年　日活　一〇九分
監督：吉村公三郎　脚本・新藤兼人・高橋二三　撮影：宮島義勇　音楽：伊福部昭
美術：丸茂孝　出演：轟夕起子　乙羽信子　藤間紫　南寿美子　島田文子　日高澄子
北原三枝　長谷部健　宍戸錠　多々良純　近藤宏　三津田健　清水将夫　浜村純　神田隆
金子信雄　殿山泰司　安部徹　清水元　青木富夫
＊東京に見習いに出る島田文子は、ちゃんと雪の東北でロケして、一緒に売られた牛と上京の汽車を見送る。そこに続く場面は銀座路地のバー「ＨＯＬＳＴＥＩＮ」（乳牛の名）の看板アップから始まるのがおかしい。

銀座の置屋「しずもと」は四人の芸者と、賄いのおばさん、見習いの娘が起居している。女将・轟夕起子は旦那の大物代議士・清水将夫の外遊帰国を迎えに行くが家族と鉢合わせし、娘も年ごろになったと縁切りを言われ、仕方なく受ける。

芸者の一人、乙羽信子は新聞社主催のミスコンテストで三等になった美人ぶりが自慢だが、実兄・浜村純が税務署員であることで客に一目置かれているのは知らない。

藤間紫は田舎に残した男の子との同居を願って宝くじを頼りにしており、修学旅行で上京した子に「五十円なら一枚買ってやるよ」ともらったくじが嬉しい。

南寿美子は初めて世話された旦那の老浪曲師が嫌いで、ジャズで気をまぎらわす。

まだ十七歳の島田文子は東北の田舎からもらわれてきた下働きだが、胸の病気になってしまい、母が恋しい。

轟はいずれ養子にするつもりで、貧乏大学生・長谷部健の学費など面倒をみているが、彼は学校に行かず小説を書きはじめ、轟に縁を切りたいと言いだし涙にくれるが、決心する。

元「しずもと」にいて今はバーをやっている日高澄子は、店でバイトする文学好きの北原三枝と話しに来る長谷部を気に入り、寝込んだ彼を見舞いに行き、いい仲になってしまう。そこに来た轟は怒り心頭。肝心の長谷部は出かけてしまう。彼は小説のネタに二人の世話を受けていたのだ。

残された轟と日高は「もうあんなのは相手にしない」と誓う。しかしその後、彼が文学賞を取ったと知り「しずもと」でお祝い会を開くが、やってきた彼は「二人の芸者を観察して書いた小説の賞金だ」ときっちり精算してすぐ帰り、二人は荒れる。

ある日「しずもと」は火事になり半焼で残った。出火原因を調べる銀座警察署に別々に呼ばれた轟・乙羽・島田はそれぞれが「私が火をつけた」と言い出し、警察は途方にくれる。

＊

映画で好きなジャンルが世情を描く風俗映画だ。その風俗映画でよく取り上げられるのが銀座の街。いくらでも深刻に描ける話を、出てくる人物はみな気が良いとして、気楽に見ていられるのがこの作のよいところ、面倒な「社会派」などではない。

世話好きの轟はやけ酒が似合う。乙羽信子はふっくらと気の良い美人芸者がぴたりで、その後の名作『大阪の宿』や『青べか物語』につながる役どころ。川辺で釣りをする実兄・浜村純とのショットはうれしい組み合わせだ。私のごひいき、うりざね顔の藤間紫は出ているだけでニコニコ。この三人が一つ部屋をうろうろする良さ。

多彩な脇役陣にそれぞれ見せ場を作る監督・吉村公三郎の余裕しゃくしゃくたる演出がいい。トップシーン。もと芸者の飯田蝶子が多摩あたりの養老院に入居し、歓迎されて三味線でひと節うなるのは〝華やかな銀座芸者の末路〟だが、満足そうな表情がよく、それを見ていた轟が「あの人は」と気づくしゃれた出だし。

狂言回しの新聞記者・多々良純とカメラマン・近藤宏は銀座特集のルポ記事で、お座敷で乙羽の酌を受ける大物作家・三津田健の表情にいろいろ注文をつけて笑わせる。

日高澄子のバーの北原三枝は、長谷部が小説を発表した文芸誌を手に、「あなたはサルトル派？カミュ派？」と論争をいどむ。

代議士・清水将夫のドラ息子は、同学の長谷部を援助しているのが自分の父の妾（轟）であることを知り、それをカタに金を貸せと迫る。演ずるのは宍戸錠。

月島診療所の金子信雄はかねて薄幸の島田を気にかけ、銀座警察署に放火犯は島田ではないと言いに行き、婦人警官に「署長は忙しくて会えません」と断られるが、その後ろにいた署長・殿山泰司は「オレはひまだよー」とその話をひきとる。殿山は大のミステリファンで、「誰が火付けかわからなくなりました」と頭を抱える警部・安部徹に「真犯人は、事件でいちばん得する奴なんだ」と説を垂れる。

＊

これが作られた一九五五年は日活が製作を再開した翌年で、時代劇も文芸作も戦記ものも喜劇もいろいろ試行錯誤していた。なんといってもうれしいのは、悪役やアクションなどに役柄が固定する以前の俳優が、そうでない役を演じているところ。

実際の殿山がミステリファンなのは有名。後年癖のある役専門になる金子信雄はまだ普通の良心医師。その後大物悪役が定番になる安部徹は警部。警察で自白する轟・乙羽・島田の奥に端役の誰かを置いてその表情に芝居をさせる。警官の一人で、いつもは脇役のそのまた脇くらいの青木富夫が、喋る前に必ず鼻を伸ばすなど演技を工夫しているのがうれしく、これも小悪役専門になる近藤宏が新聞社カメラマンを台詞ゆたかに面白げに演じている。特筆はフレッシュな北原三枝（演技さすが）と、まだ豊頬手術をする前の細面の宍戸錠だ（ワンシーンのみ、演技ヘタ）。

放火自白は、轟は妄想、乙羽は「新聞に出たかっただけ」で、小娘の島田が、店がなくなれば故郷に帰れるとの一心からだったと殿山は探り出す。その後がいい。留置室から出された島田に殿山が「こっちにおいで」と指さした先には、東北から呼び寄せた両親がいて、島田は抱きついて泣く。土産の搾りたて牛乳を殿山は「みんなで飲もう」と呼びかける。きっと娘は寛大な処置となっただろう。

裕次郎登場でアクション路線に舵を切る前の日活作品は、おもしろい映画を自由に作る意欲と若さに満ちている。この一九五五年には川島雄三『愛のお荷物』『あした来る人』『銀座二十四帖』、市川崑『青春怪談』『こころ』をはじめ、『月は上りぬ』『女中ッ子』『月夜の傘』『消えた中隊』『警察日記』『陽気な天国』『スラバヤ殿下』『次郎長遊俠伝・秋葉の火祭り』『生きとし生けるもの』『緑はるかに』(ルリ子デビュー)『六人の暗殺者』『地獄の接吻』『人生とんぼ返り』『歌くらべ三羽烏』など秀作や面白そうなものばかり。どこかで「日活一九五五年」の特集をしてくれないか。

(シネマヴェーラ渋谷)

ベストセラーに才気爆発

女性に関する十二章

一九五四（昭和二九）年　東宝　八七分
監督：市川崑　原作：伊藤整　脚本：和田夏十　撮影：三浦光雄　美術：河東安英
音楽：黛敏郎　出演：津島恵子　小泉博　上原謙　太刀川洋一　徳川夢声　三好栄子
有馬稲子　久慈あさみ
＊市川作品おなじみの久慈あさみは銀行に勤めるオールドミスで、おしゃれなキザ紳士・上原に胸ときめかすが、その上原は家に帰ると普通のしもた屋でステテコ姿（笑）。

原作『女性に関する十二章』は『婦人公論』に連載され、文学者が平易に書いた女性論としてベストセラーになった。

大学時代に婚約した、今はバレリーナの津島恵子と銀行員の小泉博は、互いの事情で九年もそのままの倦怠期。小泉が係長昇進でわずかに昇給するのを機に結婚しようと切り出しても、津島はバレエ教室からの独立問題でそれどころではない。バレエ評論家のキザ紳士・上原謙は津島に接近。小泉は津島に見切りをつけた母・三好栄子に十五回目の見合いをさせられ、そのレストランには偶然津島と上原もいて、上原は小泉の見合い相手に結婚観を聞いたりする。

あれこれすれ違いの揚句、小泉は津島の推薦でバレエ教室の有馬稲子（キャスティング贅沢）と結婚式を挙げるが、そこに来た津島を見て気が変わり二人で式場を逃げ出し、一緒に死のうと夜の海に入り「寒いね」と中止、初めてのキスをする。チャンチャン。

＊

自分の書棚を古今東西の恋愛本で埋める津島が、書店で原作本を買うところから始まる。本のアップが映画タイトルになり、ぱらぱら開く目次に続いてスタッフキャスト。そこに作者・伊藤整が「どうです、素敵な表紙でしょう」と語りかける設定。しかし本は落とされたり、忘れられたりと散々な扱いだ。

結婚を切り出そうとする小泉を津島は喫茶店に連れてゆくが、話しかける客や電話が来たり何やかやと忙しく、互いに猛スピードで話しても「あれ、何の話だっけ」と堂々巡りのうち津島は店を飛びだす。テンポの速い会話のカットごとにカメラアングルも上、下、横、後ろと目まぐるしく変わり、最後に伝票を手にくさる小泉の見下ろしで静止する。以降、才人・市川崑は、グラフィックな映像で内面的演技なしの明朗に戯画化した役造形に徹し、時おり俳優がキャメラ（観客）に向かって独白などあの手この手をくりだし、映画作りってこんなに自由で面白いんだとわくわくさせる。

もともと実際にバレエを教えていた津島は、練習場の稽古や「白鳥の湖」公演場面で堂々の踊りを見せ、その自信からか一皮むけた潑溂たるコメディエンヌがうれしい。そして小泉博。人柄の良いハンサムはまさにハリウッド映画に欠かせない明かるい二枚目半。最後まであれこれ論争する二人に、「そうです恋愛は語るもの」とかぶるナレーションに向かって「うるさい！」と怒鳴るおもしろさ。結局「本ばかり読んで頭でっかちでは恋愛はできません」と突っ放し、作者がぎゃふんとなるラストが秀逸だ。

才気煥発、ビリー・ワイルダーも裸足で逃げだすエスプリコメディの快作だが、上映フィルムはかなり劣化してコマ落ちも多く、完全なニュープリントをぜひ。

（シネマヴェーラ渋谷）

これぞ崑タッチの文芸映画

鍵

一九五九（昭和三四）年　大映　一〇七分
監督：市川崑　原作：谷崎潤一郎　脚本：和田夏十・長谷部慶治・市川崑　撮影：宮川一夫
音楽：芥川也寸志　美術：下河原友雄　出演：中村鴈治郎　京マチ子　仲代達矢　叶順子
北林谷栄
＊市川崑は尊敬するジャン・コクトーを訪ね、本作をほめられたと嬉しそうに語ったそうだ。
（『市川崑の映画たち』市川崑／森遊机・ワイズ出版。名著です）


初老の男の性への妄執を書いた谷崎潤一郎のスキャンダラスな小説の映画化。

美術骨董家の中村鴈治郎は衰えゆく性欲を鼓舞すべく、医師・仲代達矢に通ってホルモン注射を続け、風呂で湯あたりした妻・京マチ子の裸体を写真に撮ったりしている。

仲代は鴈治郎の娘・叶順子と結婚するつもりだが、狙いは財産だ。鴈治郎は仲代を家に招き、風呂場から裸の妻を運ぶのを手伝わせたりして仲代を妻に近づけ、その嫉妬を自らの刺激にする。

叶は母である京と仲代の関係を知ったが知らん顔を続ける。この頃の叶は欲望を隠し持った役がよく似合った。

やがて鴈治郎は死に、葬式後に京、仲代、叶の三人が集まり、叶はさばさばした顔の母・京の紅茶に毒を入れるが効果が出ない。そんな三人にあきれ果てた一家の老女中・北林谷栄は、用意したサラダに毒を盛る。

冒頭、白衣の仲代が「これから始まるのはこういう話です」と観客に語りかけ、そのままワンカットで奥に歩き、診察室で腕を出す鴈治郎の前に座る。つまり「これはただのお話ですよ」という監督メッセージだ。

鴈治郎は他のことに気の回らない妄執のみ、仲代は感情のない無表情、京の狐のような能面メイク、叶の狸のような野暮メイク。第三者はほとんど登場しない閉ざされた世界は寒々しく、全員が本心とはちがう会話を、互いにそれを知りつつ繰りかえす。

人が口や顔に出すことなど信用できないという作品世界観は、毒を盛られたと知った仲代のつぶやき「なんで俺も死ななきゃならないの」や、女中が刑事に「私が殺ったんですよ」と言っても無視されることで現れる。

そういう世界を描く撮影はまことに美的で、密室の横長画面はつねに水平よりもほんの少し左倒れしているのは、どこか一本狂っている一家を描くゆえか。挿入されるストップモーションや、砂漠や機関車の連結など判りやすいアナロジーは、つねに「これはリアリズムじゃないですよ」と気づかせる。

ベタに写したら身もふたもない初老男の性への妄執と、とりまく人間の無関心。何の教訓も感動もない話をシュールなアンチドラマで描く才気こそ市川崑の真骨頂で、これこそ文芸映画。映画はここまで知的に批評的に、そしておもしろく作れるのかと感嘆する。

映画題材に『鍵』は人気らしくその後三本作られたが、官能狙いだったらあまり見たくない。

（恵比寿ガーデンシネマ）

蔵原流フィルムノワール

霧の中の男

一九五八（昭和三三）年　日活　九二分
監督：蔵原惟繕　原作・脚本：石原慎太郎　撮影：横山実　音楽：佐藤勝　美術：木村威夫
出演：葉山良二　西村晃　左幸子　小林旭　木室郁子　二谷英明　白木マリ　近藤宏
＊二回ある、クラブでの白木マリの踊りは気合いが入って最高です！

監督：蔵原惟繕の第一作『俺は待ってるぜ』（一九五七）は、横浜の無人の夜の波止場を一人こつこつと歩いてきた石原裕次郎が、濡れたトレンチコートでたたずむ北原三枝に出会うぞくぞくするシーンで始まり、裕次郎の基本的イメージ「孤独」を作った。その蔵原の第二作とあれば期待しないわけにはゆかない。

暗黒街に使われている冷静な殺し屋・葉山良二は、ボスに言われて手伝いに来た西村晃と殺し仕事を済ませ、左幸子の待つ車で逃げる手はずが故障してタクシーをひろう。その夜は霧が深く、断る運転手（近藤宏）に、節操のない西村が拳銃を出して脅すのをとがめた葉山は、ボスは事情を知りすぎた自分を殺せと西村に指示し、そのお目付けにボスの秘書・左をつけたと見抜く。西村の指示で警察の包囲を逃れ閉鎖中の山道を行くが運転手は逃げ、三人は歩いて町はずれのガソリンスタンドに寄る。そこには泊まり込みの小林旭と婚約者・木室郁子がいた。

＊

最初に写るのが列車の窓の悪相・西村晃、見交わすのが悪女然とした左幸子、この出だしからフィルムノワールの気分が全開。西村と左はトレンチコート、葉山は白スカーフに黒オーバー、男はともにソフト帽のお決まりスタイルが嬉しい。三人は微妙な緊張関係のまま若い二人を加えた五人のドラマになる。

と思いきや、机の小林の兄（二谷英明）の写真を見て葉山は驚く。かつて葉山と二谷は戦友で捕虜収容され、過酷な炭鉱労働を課せられるうち、二谷は葉山の手引きで脱走するが、葉山は「自分は機械だ」と言い聞かせて残る。五年後に釈放され故国に戻ってもすでに自分の場所（大学研究室というのがいい）は無く、脱走後虚無的なまま殺し稼業に雇われていた二谷と再会する。これが、語りだけで済むのに大規模な塹壕の戦闘爆破シーンや、地下の炭鉱労働、再会後の派手なルーレット賭博のクラブなど、たっぷりの回想が実写されて思わぬスケールになる。

やがて冷徹な機械を自認する葉山はかって請け負った「仕事」で、左と結婚しようとしていた二谷を殺したことが明かされ、小林に拳銃を渡して「(兄の仇の) 俺を撃て」と言う。

逃げる悪人三人が夜の町外れのガソリンスタンドに侵入するという定番ノワールに人物背景は入れ過ぎで、心理や告白を台詞でえんえんと説明するのは小説家が脚本を書いた欠点だ。

しかしそれ以外の描写はいい。深い霧に満ちた一夜の白黒シネスコ画面、美術・木村威夫セットのガソリンスタンド、ガラス越し室内の五人の声は聞こえないまま移動撮影する効果、あまりメロディをつくらず単音を刻む佐藤勝の音楽などは本場アメリカの五〇年代フィルムノワールと変わらない。クールな葉山が気に入ったのか、蔵原は翌年の『第三の死角』でも起用して傑作にしている。

（神保町シアター）

長門裕之の野心、からむ男の友情

第三の死角

一九五九（昭和三四）年　日活　九七分
監督：蔵原惟繕　原作：小島直記　脚色：直居欽哉・蔵原弓弧　撮影：藤岡条信
音楽：佐藤勝　美術：松山崇　出演：葉山良二　長門裕之　森雅之　東野英治郎　芦田伸介
稲垣美穂子　渡辺美佐子　浜村純　深江章喜　初井言栄
＊退職金を切りだした葉山良二を余裕で受けたボス森雅之は、小切手を書こうとしてわざとインク瓶を倒し、深江章喜を呼ぶあたりのサスペンス、カメラアングルのうまさ。

造船会社の野心的なサラリーマン・長門裕之は、経営に抗議する組合デモをうまくさばいてワンマン社長・東野英治郎に認められる。造船認可がおりないで苦慮する経営陣は、認可事務所が某筋から賄賂を得ていると疑い、長門は調査をかって出る。某筋は産業界の大物でナイトクラブを経営する森雅之、その右腕が葉山良二。長門が会いに行った葉山は大学時代の親友だった。

長門の会社の社長令嬢で幾人も恋人を持つと広言するわがまま娘・稲垣美穂子は、それを冷たく見る葉山に次第に惹かれてゆく。有望な長門は重役・芦田伸介の仲介で稲垣との見合いを持ちかけられるが恋人・渡辺美佐子がいる。やがて長門は、稲垣が葉山に気があるのを察し、友人として葉山に裏稼業は止めて彼女と結婚するのを勧める。稲垣は軽井沢に葉山を呼びだし直接恋心を伝え、陰で敵対する側にいる葉山は受け流すが、かすかに動揺したようだ。

森は造船会社の株の大量取得で経営実権を狙っていると察知した長門は稲垣に、自分の父の会社のため、彼女の持つ大量株を絶対に葉山に渡すなと忠告する。しかし恋に生きると決意した稲垣は株券をすべて持って家出して葉山に会う。

会社存続を賭けた株主総会の仕切りをまかされた長門は、一世一代の舞台と着々と進めるが、閉会間際の葉山の大量株保有発言でてんやわんやの流会となり窮地に立つ。その裏には社長・東野と黒幕・森の密約があり、長門は表向きの駒に使われただけだった。総会終了後ひとり屋上に上がった長門に葉山は「俺たちはどうしてこうなった」と問うが長門は答えず、そのまま飛び降り自殺する。

葉山は長門に勧められた稲垣との結婚を決心し、森に自分は辞めるので退職金をもらいたいと言うとにっこり認められるが、手下・深江章喜に撃たれて乱闘となり、森とも相撃ちになる。葉山は稲垣に「今日は行けない」と電話をかけてこと切れる。

＊

表向きボクシングジムを経営する葉山に会いに来たのが大学時代の親友だったとわかった長門は互いに敵同士になっているのを察し、ショートサンドバッグを叩き合いながら、手加減はしないぜと別れる場面は、これは友情との葛藤の物語であると暗示する。

稲垣は告白のため葉山を軽井沢に呼びだすあたりはまだお高くとまっているが、その次のヨットハーバーは、自立の哀愁を感じさせるコートにハイヒール姿で、同じ蔵原の『俺は待ってるぜ』で裕次郎と北原三枝が会ったのと同じ波止場の長い埠頭に立つ。

美人なのにあまり演技は期待されていなかったかのような稲垣美穂子は、驕慢な娘が一途に変身する女ごころを熱をこめて演じ、こんな良い女優だったかと目を見張る。他方、私のごひいき渡辺美佐子は、野心に燃える長門を心配しながら彼の子をみごもり、令嬢稲垣との縁談話を知って自殺する哀れなOL役。人目を隠れて弔問した長門は、卓袱台の貧しい位牌に手を合わせ自責の念にかられるが、振り切るように株主総会に臨む。ドラマにはずみをつける構成の妙。

成り上がる野心のあるサラリーマン長門、冷静な葉山、腹黒いダンディ・森、老獪な社長・東野、その重役・芦田、小心な係長・浜村純、凶暴なボクサー用心棒・深江章喜、とすべての役者はぴたりと決まる。監督の蔵原は、緊迫の対決から一転、クラブで踊る白木マリなど巧みな場面転換で、心ならずも敵対した男と、成長するヒロインの緊密な脚本をきびきびと進め完璧なドラマに作った。これぞスタイリッシュな蔵原フィルムノワールの名作中の名作。


（シネマヴェーラ渋谷）

大江健三郎作品の同時代映画化は
われらの時代

一九五九（昭和三四）年　日活　九七分
監督：蔵原惟繕　原作：大江健三郎　脚本：白坂依志夫　撮影：山崎善弘　音楽：佐藤勝
美術：松山崇　出演：長門裕之　吉行和子　渡辺美佐子　小高雄二　金子信雄
＊クラブマネージャー金子信雄だけがいつものオーバー演技で救いになる。

日本脱出を夢見る東大生の長門裕之は、学生運動の強引な動員にも革命組織の誘いにものらず、フランス国費留学の応募論文を書いている。年上の渡辺美佐子に囲われて学費も出してもらっているが、渡辺は外人専用の娼婦でパトロンの来るときは部屋に入れない。長門はパトロン男に「日本人は腑抜け」と罵倒されても「そうです」とかわす。

長門の弟はクラブで三人組でジャズ演奏して稼ぎながら、トラックを買って気ままな旅に出るのを夢見ている。世の中がおもしろくない三人は、朝鮮人で戦争経験のある小高雄二の発案で財界大物を爆弾で脅す計画を実行するが失敗する。ホモの小高は朝鮮で愛人だったアメリカ男と再会、大金を持っているのを知り殺して強奪する。仲間割れで小高と一人は死に、残された弟は警察に追われて逃げ死ぬ。

留学論文が通った長門は有頂天になり、囲う渡辺を捨て、フランス語を教えるうちに恋人になった吉行和子とともに渡航を決める。しかし重い結核で、身ごもった子を生めないとわかった吉行は絶望して長門とガス心中を図り、間一髪で助かった長門は吉行とも別れ、復縁に来た渡辺も拒絶して、すさんでゆく。

革命組織から紹介されたアラブ人はフランスのアルジェリア弾圧に抵抗していて長門に協力を求める。フランス大使はそういう人物とのつながりを絶てと諭すが長門は「ノン」と答え、留学はご破算になる。他と交わらず、日本脱出の目標一途に生きてきた長門は鉄橋で飛び込み自殺を図るがそれもできず、肩を落として去る。

冒頭「我々の世代に希望はあるか」と正面からナレーションが入って身構える。「希望はない」という結末に向かって話は進むが、スリル、スピード、セックス、ジャズで表す現代風俗は表面的で、小高の爆弾事件などはあまりにちゃち。自分本位の長門に渡辺がなぜ惚れているかもわからない。大きな目標を一時の社会正義感でご破算にする長門もバカだ。

これすべて脚本が不出来だから。大江健三郎の小説は面白いピカレスクと読んだのだが、脚本の台詞はナマで、話に説得性を作れずついてゆけない。大江の小説の映画化に適役と思われた蔵原の演出は力は入っていても空回り。


（シネマヴェーラ渋谷）

裕次郎を追うルリ子

憎いあンちくしょう

一九六二（昭和三七）年　日活　一〇五分
監督：蔵原惟繕　脚本：山田信夫　撮影：間宮義雄・岩佐一泉　音楽：黛敏郎
美術：千葉和彦　出演：石原裕次郎　浅丘ルリ子　芦川いづみ　長門裕之　小池朝雄
川地民夫
＊テレビ討論に出演した裕次郎は「現代に純粋な愛は成立するのでしょうか」と発言、それが芦川いづみにつながる。隣に座る音楽家・黛敏郎は「愛とは音符の連続のようなもの」と言う。

売れっ子ＤＪでマスコミの寵児・石原裕次郎と、その敏腕女マネージャー・浅丘ルリ子は恋仲だが、公私をきちんとして純粋愛を守ろうと、二年間は体の関係はもちろんキスも禁じる約束をした。深夜まで分刻みの仕事をこなして自宅兼事務所に戻った裕次郎は精根尽き果ててただ眠り、朝はルリ子に無理やり起こされる。

フラストレーションのたまった裕次郎は、テレビ生番組をすっぽかして高級スポーツカーをとばし、海岸でボンネットに大の字になって雨に打たれ「つまんねえなあ」とつぶやく。スタジオで待つテレビディレクターの長門裕之は、来ない裕次郎に頭をかかえ「どうしてくれる」とルリ子に噛みつくが、本番ギリギリでやってきた。

番組は新聞の三行広告に面白い話題をみつけてゲストに呼ぶもの。「九州山奥の医者に中古ジープを無償で陸送してくれる人、求む」で招かれた芦川いづみは、その医者・小池朝雄と遠距離恋人同士と知った裕次郎は「その仕事はぼくにさせてください」と言い、芦川が二年間離れている恋人からの手紙をすべて書き写した分厚いノートを小池に渡すよう託される。

びっしり詰る予定をすべてキャンセルした釈明に追われるルリ子は、「これはヒューマニズムの美談」と思い立ちマスコミにアピールすると大当たり。長門は東海道を下る裕次郎のジープを追いかけ、隠しカメラで報道。行く先々で黒山の人が「がんばってください」とジープを囲む。それに反発する裕次郎にマスコミは、もうニュース価値はないと名古屋あたりで引き揚げる。

裕次郎は、自分の行動をマスコミに売ったルリ子を拒絶。捨てられたと自覚したルリ子はスポーツカーで後を追うが、裕次郎はルートを変えて追跡を断つ。しかしルリ子の車が雨中の山道で立ち往生するのを見つけ、ジープに乗せる。

ようやく着いた九州の無医村に、長門は東京からヘリで芦川を運び「感動の瞬間」を演出しようとするが、芦川も、迎える白衣の医師・小池朝雄もただ立ちすくみ、長門が裕次郎に「さあ、お二人の手を握らせてください」と懇請しても裕次郎は拒絶、ルリ子とその場を去る。

新鮮な着想の脚本を、裕次郎は自分を生に出して演じ、彼の本当の人間性はこうではないかというリアル感が十分だ。

＊

冒頭から終始揺れ動く手持ちキャメラは裕次郎とルリ子二人の不安定な状態を見せ、「今の質問はマネージャーとして？　それとも君個人？」「わからない、どっちだろう」の会話が象徴する。一方、都合で突然空いた空白の二時間を何をしてよいか判らず、事務所でぼんやりギターをつまびいて静かに歌う裕次郎に、シャワーあがりに裕次郎の大きなワイシャツをはおっただけのルリ子が踊るシーンは二人を恋人感覚に呼び戻すが、ハッと気付いて中断する。

監督：蔵原惟繕は、都会的演出で娯楽作を作りながら、つねにそこにテーマを設けて映画の芯をつくる。ここでは「プラトニッククラブは成立するか」だ。

裕次郎・ルリ子は約束で保っているプラトニッククラブが何のためかわからなくなっている。ルリ子は、芦川の純粋さに嫉妬してか「あなたの純粋愛は形だけの偽物」と問い「そちらこそ間違ってます」と否定され不安を抱く。そして後半の、それを自分に問いただす追跡になる。

クライマックスの無医村への集結で、裕次郎が運んだ愛のノートがヘリの風で吹き飛ぶのは、観念的な純粋愛が現実を前に吹き飛ぶ姿であり、それを見るルリ子は自分はそれを乗り越えて現実の愛へ身を挺した勝利宣言であり、さらに美談演出に狂奔する長門を戯画化した、三者三様の名場面だ。

裕次郎は「これは自分のためにしたこと」と村人らの歓迎を無視し、誰もいない草原の太陽の下でルリ子とかたく抱き合う。そのとき一瞬見上げる太陽は「真の愛の誕生」だ。

斬新なアイデアをストレートに美談にしても裕ちゃんの好ましい一面としてファンに喜ばれただろう物語を、単なる美談賛歌にしていないところに裕次郎・ルリ子も新鮮味を得ての熱演となったのだろう。その作家意識に蔵原の手腕が満開した。

蛇足ですが、わが蔵原ベスト十二。『俺は待ってるぜ』『風速四〇米』『第三の死角』『海底から来た女』『ある脅迫』『銀座の恋の物語』『憎いあンちくしょう』『硝子のジョニー　野獣のように見えて』『何か面白いことないか』『執炎』『夜明けのうた』『愛の渇き』。つまりほとんどが秀作。

（神保町シアター）

戦後すぐのロマンチックコメディ

東京のヒロイン

一九五〇（昭和二五）年　新東宝　九五分
製作：野口久光　監督：島耕二　脚本：長谷川公之　撮影：平野好美　音楽：服部良一
美術：河野鷹思　出演：轟夕起子　森雅之　香川京子　斎藤達雄　入江たか子　河津清三郎
菅井一郎　潮万太郎
＊今も日比谷公園に残る戦前の名建築「日比谷公会堂」は音楽会場面のある映画にはおなじみ。
ここでも見慣れたロビーで役のすれ違いに使われる。

雑誌『婦人評論』の記者・轟夕起子は独身主義だ。人気評論家・吉岡花子女史の原稿をとろうと、彼女の連載がある『人間喜劇』編集部を訪ね、担当の森雅之に彼女の住所を尋ねるが教えてもらえない。大物作家・斎藤達雄の原稿受け取りに行く森と一緒になり、斎藤邸で轟が原稿依頼を断られるのを、森はにやにや見ている。数日後『婦人評論』に、なんとその斎藤から書き下ろし原稿が届いて轟は舞い上がる。それは森が内緒で自社用原稿を回したのだった。
轟は女学生の妹・香川京子を森のいる編集部に送り込んで吉岡女史の住所を探らせるが、ふと

水辺のセット。対岸のパーティーのチャイコフスキー「ピアノ協奏曲」をジャズアレンジしたバンド演奏を遠く聴かせながら、そのホテルの灯を映してゆらゆら揺れる水面を背景に、流しのヴァイオリン弾きに合わせて歌い踊る森雅之と轟夕起子。

また寝室で轟がうきうきと弾くピアノ（本人演奏）に、途中からバレエ衣裳の香川が連弾で即興のメロディを重ねる場面のすばらしさ。

戦争はようやく終わった、今こそ大好きなハリウッド調のハッピーでしゃれた映画を作るんだという喜びが画面に充ち満ちているところにこの作品の価値がある。それは出演者全員にも感じられ、妙に渋いバーテンダー・菅井一郎の役作り、ただ酔ってバカ笑いするだけが芝居の潮万太郎。特に芝居はなく、森を冷やかすだけの編集長・河津清三郎もいい。轟が「私の独身主義は、これからは女性も一人で生きる力を持たなくてはという思いからなの」と洩らすのもいい。

そして！　若く清らかなセーラー服の香川京子こそ戦後の出発のシンボル。自らもバレエをやっていた香川はまったく怖じることなく、台詞まわしも落ち着き、この後多くの名監督に起用される素質十分だ。

平和をかみしめて好きな映画を作れる幸福感が、そのまま時代のドキュメントになっている。

（ラピュタ阿佐ヶ谷）

下町情緒をロケたっぷりに描く

浅草の夜

一九五四（昭和二九）年　大映　八九分
監督・脚色：島耕二　原作：川口松太郎　撮影：長井信一　音楽：大森盛太郎
美術：仲美喜雄　出演：京マチ子　鶴田浩二　若尾文子　根上淳　志村喬　高松英郎
見明凡太朗　浦辺粂子　滝沢修　高堂国典
＊机の原稿用紙を前に万年筆を持ち「書けん」と悩む鶴田がいい。

浅草の踊り子・京マチ子は、小屋の座付作者・鶴田浩二と恋仲だが、気が強いためいつも口げんかしている。京の妹・若尾文子はおでん屋で働き、画家修業中の根上淳との結婚を願っているが、姉は「それだけはやめて」と絶対に許さない。

不憫に思った鶴田が京に問いただすと、姉妹の実父は今は高名な画家だが、かつて妻を亡くし、子である幼い姉妹を他家に養子に出した。養子先の育ての親は篤実に姉妹を育ててくれたが困窮のまま死に、姉妹は人情厚い浅草に流れ着いてようやく育った。京は捨てた実父への恨みを忘れなく、妹の恋人・根上は実父のその後の養子と知っていた。

鶴田は根上の人物を聞くべく単身その画家・滝沢修に会いに行くと、ゆすりに来たと思われて金を差し出され激怒、「その養子息子の恋人は、かつてあなたが捨てた二人の子の妹の方」と姉妹の名を言うと滝沢は面を変え、「何年も探していた、ぜひ会わせてくれ」と懇願する。

連れられて別室にいた若尾は記憶もない実の父を前に涙にくれ、滝沢も言葉がない。そこに追って乗込んだ京は滝沢に「今更おめおめと父を名乗る気か、私たちがどれだけ苦労したか」と啖呵を切る。部屋の外で聞いていた根上は言葉もなく――。

こういう人情話に、小屋の座長・見明凡太朗をめぐる楽屋裏話や、小屋の黒幕のやくざ福島組の親分・志村喬、その息子で若尾に横恋慕する高松英郎をからませる。

いかにも川口松太郎らしい原作は、人物よりも浅草という町を描くのが狙いで、それを汲んで隅田川や吾妻橋、松屋の遠景や浅草寺が情緒を添える。昭和二九年当時の浅草の実景は貴重で見当のつくところもあり、六区映画街にかかる映画の幟に、つい何の作品だろうと目が行く。当時の実際の飲み屋街と飲み屋セットの連結もまことにスムーズ。もちろんバックステージものゆえ裸の踊り子がいっぱい出るのもうれしい。

京は気の強さが当たり役でこうして妹を育ててきたのだろうと思わせ、女優デビュー二年めの若尾はただ可憐。見どころは、後年東映の仁俠映画で超硬派となる前の鶴田が、情味も、恋人に腹を立ててクサる弱さもある普通の優男を演じているところ。ラブシーンは下手で京に抱きつかれても何もできず、小屋の社長に、大衆に勇気を与える質の高いものを書きたいと提案する文学青年ぶりなど、今では考えられない役だ。それでも最後は高松英郎に呼び出されて決闘し、きっぱりと男らしさをみせる。
監督：島耕二は、細かなつじつまの粗さはあまり意に介さず、冒頭とエピローグを隅田川の船に住む老人・高堂国典と少年で閉じるなど文学情緒でまとめた。

（角川シネマ有楽町）

松竹撮影所に現れた女スリ

女優と名探偵

一九五〇（昭和二五）年　松竹　三一分
監督：川島雄三　脚本：中山隆三　原案：瑞穂春海　撮影：長岡博之　音楽：万城目正
出演：日守新一　西條鮎子（二役）　河村黎吉　坂本武
＊最後に正門を後にした探偵は、撮影所入りしてきた本物の日守新一とすれ違う。

探偵・日守新一はハンチングに蝶ネクタイ、ちょびひげにステッキのチャップリンスタイル。銀座をゆく美人にぶつかって詫びるが、「美貌の女スリ銀座に出没」の新聞を買おうとして財布がなく、いまの女にスラれたと気がつく。

ガード下の仕事場にもどると、大家・坂本武と金貸し・河村黎吉が借金取り立てに押しかけていた。隣りの部屋にセットしておいた目覚まし時計のベルを電話の音と思わせ、一人しゃべりで、新聞に出ていた「スリ逮捕に十万円」の手付金を受けたようにみせ、「じゃ安心」と二人を帰すついでにもう少し借りる。

戻った銀座で逃げる女スリをみつけて尾行すると、女は電車に乗り、松竹大船撮影所にすたすたと入ってゆき、出てきた森雅之とも顔見知りのようだ。日守は警備員に止められるが、そこに来た佐野周二の車のトランクにもぐり込んで入る。

女優・西條鮎子はスリ役の銀座ロケを終えて撮影所に戻ったのだったが、日守は撮影ステージでメイク中の西條に「この女はスリです」と騒いでも相手にされず、追いかけてきた警備員三人と追いつ追われつ、いくつもあるステージを駆け抜け、ゴミ箱に隠れると、通った笠智衆がちり紙を捨てる。一方撮影中の田中絹代、淡島千景、月丘夢路、高峰三枝子らのハンドバッグや衣装が次々になくなり、女スリが潜入していると騒ぎになる。ばったり鉢合わせした女優とスリは、ホクロのあり無しだけのうり二つとわかった。

女スリを警備員に渡した日守は、女優に見送られて撮影所を後にした。

＊

一九四四年にデビューした川島雄三監督の第九作（一九五〇）。川島はこの作品に「おまえはあいているから、というんで、短編の仕事がまわってきました。意気消沈の時で、ただやっている、という感じ」と言っており、あまり期待もなく見に行ったが、どうしてどうして、コマ落としで走り回るスラプスティックの多彩なアングル、撮影中という設定の「ジャワのマンゴ売り」シーンでは、火葬される役になりすまし美女フラダンスを踊るのは川島好みの南方志向。各国の集団結婚式シーンにしずしずとまぎれこんでここぞと走り逃げるなど、ドタバタをいっぱいに盛り込んだスピード感は明らかに才能だ。

うれしい見どころは松竹スターが本人のままちらりと出てくる「特別出演」だ。佐分利信、若原雅夫、森雅之、山内明、佐田啓二、高橋貞二、堀雄二、三井弘次、堺駿二、田中絹代、高峰三枝子、木暮実千代、淡島千景、月丘夢路。「出演者としてちょっとお願い」すれば何か芝居してくれるのに、それを封じてアップも入れない通行人程度で見せているのが、撮影所のリアル感を出す計算だ。それぞれ一瞬なのでお見逃しなく。

日守新一主演がうれしく、ベテラン河村黎吉、坂本武が軽い芝居で[illegible]さらうのも楽しい。俳優王国松竹の楽しい楽屋落ち一編。

（国立映画アーカイブ）

銀座泰明小学校の同級仲間

新東京行進曲

一九五三（昭和二八）年　松竹　九七分

監督：川島雄三　脚本：柳沢類寿　原作：入江徳郎・辻本芳雄・戸川幸夫（平凡連載）

撮影：長岡博之　音楽：木下忠司　出演：高橋貞二　三橋達也　大坂志郎　北上弥太郎

桂小金治　沼尾均　須賀不二男　日守新一　小林トシ子　淡路恵子　北原三枝　坂本武

望月優子　多々良純

＊区立泰明小は、文学者・北村透谷、島崎藤村。劇作家・矢代静一。俳優・殿山泰司、加藤武、信欣三、朝丘雪路、和泉雅子、中山千夏などが卒業生の名門。

＊ネット記事「新東京行進曲」の佐藤利明氏（娯楽映画評論家）は他ならぬ泰明小学校の卒業生だそうで、思いのこもる本作の評論をぜひお勧めします。

冒頭、セスナ機から当時（昭和二八年）の安井都知事（本人出演）が東京を見下ろして言う。「東京は三十年の間に大震災、空襲と二度も壊滅したが、今また復興しつつある」。空中撮影はやがて銀座の泰明小学校（昭和四年の震災復興校舎は空襲にも残った）をクローズアップする。

高橋貞二（新聞記者）、三橋達也（新聞社配送係）、大坂志郎（都電運転手）、北上弥太郎（都庁建築技師）、桂小金治（寿司屋）、沼尾均（プロボクサー）の六人は泰明小の同級生だ。

高橋と同僚の女性記者・小林トシ子は意欲的で、ミス職場コンテストの取材よりもキャバレー奥の不法賭博場の取材を志願し、上司は高橋を護衛役につける。高橋がキャバレーで鼻の下をながくしている間にトシ子は果敢に潜入して写真を撮り、その記事は局長賞となる。

高橋は自分の新聞社の配送係に職を得た三橋と再会したが、彼は片目を失明していた。三橋は、弱かった同級生の沼尾を強くしようとボクシング部に誘い、その才能を発見して特訓中、目を強打されてこうなった。しかしプロになって世界戦をひかえる沼尾のために、このことは誰にも言うなと高橋に頼む。

大坂は堅実な都電運転手で、彼に恋するデパート嬢・北原三枝がいつもその電車に乗ってくる。北上は同じ都庁勤めの淡路恵子に結婚を申し込むが、まだはやいと返事をもらえない。ひょうきん者だった小金治だけが結婚し、もう尻に敷かれているが幸せそうだ。

久しぶりに集まろうと高橋・大坂・北上が小金治の寿司屋に来た。子供の時ここで小金治のお父さん（坂本武）から寿司をご馳走になり、はやっていた流行歌「東京行進曲」を歌って「昔恋しい銀座の柳　仇な年増を誰が知ろ〜、仇な年増って誰のこと？」と小金治の母（望月優子）に聞くと、にっこり「あ・た・し・よ」と自分を指さした。「そんなことがあったなあ」と感慨にふける四人に望月は「でももう、しわだらけ」と笑い一同も苦笑する。昔の仲間はいいものだ。

高橋は銀座で靴が壊れている淡路恵子を助けて都庁へ送り、やがてつき合うようになる。淡路は高橋の「新聞記者の仕事に自分は誇りを持っている」と言う姿に好意をもち、高橋の求婚を受けようと思い始める。

辣腕のトシ子は高橋から聞いた三橋の失明を、世界戦を前にしたボクサーのスキャンダル記事にしようとするが、高橋から「他人の傷をあばくのが新聞記者か」と言われ、原稿をちぎり捨てる。トシ子は、やや頼りないが、芯に正直なものがある高橋に好意をもっているようだ。

警視庁の日守新一は熱心な高橋を気に入り、自慢の娘の北原三枝に引き合わせようとする。その席で大規模汚職の逮捕を教えられるが「もっと上層部を捜査中のため」と今は記事にしないと約束する。しかし他社にすっぱ抜かれ辞表を用意した高橋に、トシ子は「こんなことで引っ込んじゃいけないわ、もっと大きな仕事を」と激励される。

二人はトシ子が内偵していた家を訪ね、ガス自殺をはかっている男を救出すると、なんと小学校の担任恩師・須賀不二男だった。須賀は内縁の妻がダンサーという理由で学校を辞めさせられ、汚職の片棒にさせられていた。須賀先生が辞める前に皆に言った言葉「(たとえダンサーでも)自分の仕事に誇りをもて」は高橋にやきついており、みんなで「東京行進曲」も歌ったのだった。須賀の証言はトップスクープとなり、汚職の全貌があばかれ、二人はまたしても局長賞をとる。

後楽園球場のミス職場コンテストで北原は優勝。父・日守は高橋に「娘に恋人がいるとは知らなかった」と頭をかき、隣りで本人・大坂も笑う。世界チャンピオンとなった沼尾は三橋と再会して抱き合う。小金治は今日も夫婦連れだ。同級生はみな幸せになった。スタンド二階席に淡路が来ているのを見た高橋は好返事を期待して行くが、淡路は自分は他ならぬ須賀の娘と告白「あなたとの結婚を考えていました。でもそれは父の事件を忘れられなくしてしまうでしょう」と言われ、了承するしかなかった。去られてひとり座り込む高橋に、トシ子が遠慮がちに歩み寄った。

＊

なんといい話だろう。友情を続ける小学校の同級仲間。誰一人悪人がいない気持ちよさ。淡路はきっと真面目な北上の求婚を受け入れるだろう。

今ひとつ役どころのはっきりしない俳優と感じていた高橋貞二がぴったりの役を得て、それを見る淡路も、大坂に岡惚れの北原もまだ垢抜けなく、そこがいい。川島作品初出演の三橋は容貌体格を生かした儲け役で、ここから三橋の川島傾倒が始まった。学童に誠心であたる須賀はその後の屈折がぴたり。「もうしわくちゃ」と笑う望月、受けて苦笑の大坂の雰囲気のよさ。小金治はいつも寿司職人。

嬉しいのは、一途なものを持つが美人顔ではないゆえヒロインの引き立て役ばかりの小林トシ子が生き生きとすばらしいこと。これほど気持ちのよい小林は見たことがない。脇の俳優を熱心にさせる川島の愛情と手腕。子供の時の高橋が日比谷公会堂の音楽会で、学校から去った須賀先生夫妻を見かけ、連れた娘（後の淡路）と何となく顔を見つめ合ったエピソードを挿入する優しさ。

そうして主役は銀座という町だ。私が銀座資生堂に勤めていたころ宣伝部の台所といわれた居酒屋「樽平」のある金春小路は銀座映画にしばしば登場するが、これが最初だろう。私の好きな新聞記者ものなのもうれしい。当時銀座には朝日、毎日、読売の本社があり、ここでは毎日新聞社がロケ協力している。

これぞ、現実を多彩に取り入れて人物の哀歓を描く風俗映画。銀座を舞台にすれば右に出る者のない監督が川島だ。年齢のせいか、簡単に人を殺したり、女を犯したりする映画は嫌になった。軽快で心温まり、悪人はいない。これほど良い映画はない。

（国立映画アーカイブ）

風船

大人の人間模様を描く手腕

一九五六（昭和三一）年　日活　一一〇分
監督：川島雄三　原作：大佛次郎　脚本：川島雄三・今村昌平　撮影：髙村倉太郎
音楽：黛敏郎　美術：中村公彦　出演：森雅之　三橋達也　二本柳寛　新珠三千代　北原三枝
芦川いづみ　左幸子
＊後年の石井妙子の名作評伝『おそめ』のマダム・上羽秀が、京都木屋町の自分の店で出演し、台詞もある堂々の存在をみせる。川島は「おそめ」の常連だった。石井の第二作『原節子の真実』（第十五回新潮ドキュメント賞）も力作。

森雅之は天才画家として認められていたが、転向してカメラ会社の社長で成功している。森の妻は世間体と見栄を重んじて、芸術的感性をもつ森にはやや鬱陶しい。長男・三橋達也は父の会社の部長職で不自由がない。純真な娘の芦川いづみは小児まひの後遺症で家にこもって絵を描いている。

三橋はクラブ勤めの新珠三千代を愛人として囲い、毎月の手当てを忘れないが、真剣な新珠はそんな三橋が物足りない。森が師事した高名な画家の息子・二本柳寛は画家にならず、上海やパリを放浪し今はナイトクラブを経営。遊び相手の現代娘・北原三枝に、三橋をパトロンにするようけしかけ、そうなってゆく。

京都に出張した森は、自分が学生時代に下宿していた家の娘・左幸子が弟の学資を出して苦労しているのを知り、不憫な気持ちになる。

こういう人間関係の大佛次郎の原作はいかにも戦後の復興が見えてきたころの新聞小説だ。雰囲気だけの俳優と思っていた二本柳寛が面白い役どころを巧みに演じ、北原に「あなたは自分を悪者に見せよう見せようとしているのね」と指摘される。そういう面もあるが、世間をくぐってきた常識的人情味もあり、三橋に捨てられて自殺をはかった新珠の見舞いに芦川を連れてゆく。

しかし新珠は再度服毒して死ぬ。その葬式に出ない、ちゃんと渡すものは渡していたと言う三橋を森は平手打ちし、代わりに行く。子育てを誤った気持ちで三橋を放り出すことにし、妻の止めを聞かず辞表を出させる。

いろいろ嫌になった森は会社をやめ、初心に帰ろうと、京都の左のいる昔の下宿で扇絵を勉強すると決め、娘の芦川を誘うが断られる。しかし季節が過ぎた晩夏の地蔵盆の夜、浴衣で踊りに加わっている芦川をみつける。

＊

それぞれの人間をくっきりと、しかし紋切り型でなく描く川島の手腕は的確で、世間を甘く見ている三橋も単なるお坊ちゃんではない魅力がやはりあり、また下心ある北原もそれなりに知性味のある女として魅力をつくる。新珠と芦川の純真さが共鳴する場面は大きな救いだが、それを設定したのが悪者を自称する二本柳であるところがいい。

よく「フランス映画のような」と言うが、何が人間の真実などとあまりつきつめない、まさに「大人の映画」。

（神保町シアター）

腐れ縁でいいじゃないか

洲崎パラダイス 赤信号

一九五六(昭和三一)年 日活 八一分
監督:川島雄三 原作:芝木好子 脚本:井手俊郎・寺田信義 撮影:高村倉太郎
音楽:眞鍋理一郎 美術:中村公彦 出演:新珠三千代 三橋達也 轟夕起子 河津清三郎
芦川いづみ 植村謙二郎 小沢昭一
＊蕎麦屋の出前持ち・小沢昭一の出番三回はすべて同じシチュエーションで、一つの歌を順番に歌っている。

勝鬨橋の上。煙草を買ったら手元に六十円しか残らない三橋達也と新珠三千代は途方にくれる。

「これからどうするんだい」

「どうするって、あんたそればっかりね」

「どうせ俺は甲斐性なしだよ、嫌なら別れてもいいんだぜ」

愛想を尽かした新珠がやってきたバスに乗込むと、三橋はあわてて追いかける。

降りたのは、川の先は洲崎遊廓になる橋手前。二人は「女中入用」の張り紙のある角の一杯飲み屋「千鳥」に入り、新珠は女将の轟夕起子に住み込みで働かせてくれと哀願、入ってきたラジオ商の河津清三郎に早速サービスに努めて売り込む。三橋はそんな様子がおもしろくない。愚図で実行力なく、そのくせ嫉妬深い三橋。そんな相手と別れなきゃと思っている新珠。轟の世話で三橋は蕎麦屋出前の仕事をみつけてもらうが気が入らなく、新珠が河津と寿司屋に行ったと聞いて、雨の中、寿司屋を片端から探し回る。

河津をパトロンにした新珠はアパートを借りて手当てをもらえるとさっさと千鳥を去る。置き残された三橋は必死で秋葉原ラジオ街を探し回り路上で倒れてしまう。

やがて新しい着物でうきうきと千鳥を訪ねた新珠は、三橋があきらめて本気で働く気になった蕎麦屋の娘・芦川いづみがそんな三橋に親切と聞き、蕎麦屋で三橋の帰りを見張る。

どっちもどっち。一緒にいれば文句をぶつけ合うだけの仲なのに、いざ離れたと感じると追い掛けまわす。

＊

テーマはずばり「腐れ縁」だ。川島はそれを、大阪人情喜劇的に茶化すでもなく、そこには真の愛がなどと到底言わず、「腐れ縁とはそういうものです」と生き生きと描き、男と女はこうだよなあとつくづく納得させる。

一方、四年前若い女と出ていった夫・植村謙二郎を、ここで飲み屋をやっていればいずれ気がつくと待つのが轟で、ある日夫が悄然と戻ってきて喜ぶが、夫は結局その女に刺し殺され、それを知った轟の哀れさが切なすぎる。こちらもまた腐れ縁だったか。
川島雄三の中でも一番人気がこの作品。川島にほれ込んだ俳優はフランキー堺、小沢昭一、そしてこの三橋達也。前作『風船』では高慢な不実男を演じた本来都会的好漢の三橋が、愚図でドジで情けない役に入れ込んで熱演。『風船』では芝居のしどころのなかった新珠は目の覚めるような演技開眼、両優のまちがいない代表作となった。二人をベタベタの腐れ縁にした川島のこのセンス！

（神保町シアター）

二枚目は、もてあそばれてこそ
接吻泥棒

一九六〇（昭和三五）年　東宝　八三分
監督：川島雄三　原作：石原慎太郎　脚本：松山善三　撮影：中井朝一　音楽：黛敏郎
美術：村木忍　出演：宝田明　団令子　新珠三千代　草笛光子　北あけみ　中谷一郎
有島一郎　河津清三郎　沢村貞子
＊太宰の未完の小説『グッド・バイ』は、一九四九年、監督：島耕二　主演：森雅之・高峰秀子（二役）により、ライトコメディで映画化され、とてもおもしろい。

ハンサムなボクサー宝田明は、新珠三千代（銀座クラブのママ）、草笛光子（ファッションデザイナー）、北あけみ（ショーダンサー）の三人にモテモテで、そのやりくりが大変だ。乗ったタクシーが衝突した車に女学生・団令子が気絶しているのを見た宝田がとっさに口移しで水を含ませるのを、トップ屋カメラマン・中谷一郎が撮った写真は『週刊トピックス』の表紙になって問題化する。

他愛ない話を川島は凝りに凝る。冒頭のタクシー衝突は（その必要はないのに）カーチェイスの末、銀座のショーウインドのガラスに派手に突っ込み、大勢のやじ馬が集まるモブシーンを入れ、その中にいる作家・石原慎太郎（実名登場）が「接吻泥棒とはイカスじゃないか」とつぶやく。

謹厳な聖立高女の職員会議に呼ばれた宝田は「この子はまだ子供、自分の趣味ではない」と笑い飛ばし、団令子はムッとする。（校長はミサ服の沢村貞子。ロケは上智大らしい。取り巻く女学生の中にカメラテストなのか星由里子がいる）

令子の父・河津清三郎はジムで練習する宝田に抗議に来たが、自身も元ボクサーで意気投合、次の世界チャンピオン戦のファイトマネーを約束する。練習を見に来た令子は、コーチが「右、右」と言うと「右、右」、「フック、フック」と叫ぶと「フック、フック」と大声で繰り返し、宝田は「やりにくいから黙っててくれ」と閉口する。

＊

普通は妖艶美女に対して清純な娘が心をつかむが、この令子が清純ものかは、輪をかけた行動的現代娘で騒動を大きくする。宝田はつきまとう令子をあきらめさせようと、新橋あたりの舟上の「蛇料理屋」に連れてゆくが、負けん気の令子はまむし酒をぐいぐいあおる。

宝田が河津を、北あけみが踊るクラブに連れて来ると、新珠、草笛も来ていて、宝田を間に「何よ！　あんたなんか」と口喧嘩。そこに来た令子は二人に対抗心を燃やし、まむし酒の勢いで「私の体を見て頂戴」と網タイツのストリップ衣裳になって、北あけみとセクシーダンス合戦を始めるが、からむ踊りがつかみあいになり、手前の池に飛び込んでばしゃばしゃと組んずほぐれつ大暴れ。新珠、草笛はテーブルのパイやスパゲティを二人にどんどん投げつけ、ついにはステージに飛び出し、快調なバンドの前でつかみ合い、四人の女の争いに頭をかかえた宝田はテーブル下に潜り込む。

「やるときはとことんやるのです」。川島のサービス精神ここにあり。応える美女たちのなりふりかまわぬ「ノリ」。令子に対抗心を燃やす年増美女三人は「あんな、あんパンのへそ」と当時の彼女のあだ名を繰りかえす。とりわけ美人中の美人、新珠と草笛の、怒ったり、泣いたり、八つ当たりしたりの大芝居がジツニよろしい。

令子は父に「チャンピオン戦を前に、慎め」と叱られ、宝田と連絡を絶つが、そうなると宝田は気になり、一人、蛇料理屋に行くと、職員会議で彼を擁護した有島一郎がいる。宝田は三美女との関係を絶つにはどうすればよいかと有島に相談する。その答えがいい。

「太宰治に、三人の女との関係を清算する『グッド・バイ』という小説がある。それによると、金か、泣き、だね」

祝儀袋に入れた手切れ金を三つ用意し、三人と別れようと出かけた宝田だがコテンパンにされ、最後は鋏を手にした草笛にじょきじょきにされた背広で銀座に放り出される（通りの乞食に哀れな目で見られるオチ）。

まことに二枚目とは翻弄され、いびられ、メチャクチャにされる仕事。しかし宝田明だから全く安心して見ていられ、これこそが「本物の二枚目」で日本映画では他にいない。スピーディーなスラプスティックいっぱいのスクリューボールコメディは、美男美女だからできることだ。

世界戦に勝った宝田は令子と、思い出の蛇料理屋に来るが、宝田は草笛に気があるトップ屋・中谷一郎に一発くらって気絶。令子は今度は私が口移しと（水と迷ったが）まむし酒を含ませて蘇らせる。居合わせた作家・石原慎太郎は「二人の結婚は止した方がいい」と忠告するが、令子に「あんたに何がわかるのよ」と去られ、「俺には女は書けん」とつぶやき、かたわらの色紙に〈接吻泥棒　終〉と書いて幕となる。おみごとです。

（ラピュタ阿佐ヶ谷）

我らが、あやや様、ここに誕生
女は二度生まれる

一九六一（昭和三六）年　大映　九九分
監督：川島雄三　原作：富田常雄　脚本：川島雄三・井手俊郎　撮影：村井博　音楽：池野成
出演：若尾文子　山村聰　フランキー堺　山茶花究　藤巻潤　潮万太郎　高見国一　村田知栄子　山岡久乃　江波杏子　倉田マユミ　高野通子
＊上高地登山口の「島々」駅は私の長野県の実家のすぐ近くで、よく知っている。駅名だけ変えて近場で撮れる小さなシーンなのに、わざわざ行く川島の良さ。あの田舎駅に若尾様が来たんだ。
＊靖国神社の場面は菊の紋を何度も大きく画面に入れて、天皇制批判を感じさせる。

売春防止法は施行されたが、宴席の芸者が客と床をともにするのは普通のことだった。気の良い芸者・若尾文子の今夜のお相手、設計士の山村聰は、面倒は言わず普通に話す若尾を気に入ったようだ。

若尾はいつも手を合わす靖国神社で知りあった清々しい学生・藤巻潤に恋心をもち、学生服の藤巻も若尾の家の前まで来たりするが、就職が決まって東京を離れてしまう。

常連客の席に呼ばれ「おまえ遊んでいいぞ」と言われて別室に入った寿司屋板前・フランキー堺の正直なところに若尾は好感をもつ。若尾を遊び相手にする山茶花究に連れられた寿司屋にフランキーがいて、山茶花は「なんだおまえら知りあいか?」という目をするがとぼける。翌日若尾は店を訪ね「お酉様に行かない」と誘い、人目のない上野で遊ぶ。しかしフランキーは、信州のわさび屋の子持ち女性に婿入りして行った。

警察がうるさくなって、若尾は誘われてくら替えしたバー勤めで山村と偶然再会する。家庭の冷えている山村は若尾に「そんな商売はやめて俺が面倒みる、もう相手は俺だけにしろ」と部屋を借りてやる。足を洗った若尾は新生活がうれしい。

ひょんなことで知った十七歳の男の子・高見国一が可愛くなり「まだ女を知らないでしょ」と初体験させたのが山村にばれて激怒され、若尾は泣いて謝り、以降は出張の多い山村との逢瀬を大切にしたが、彼は病にたおれ、献身的な看病も及ばず死ぬ。

若尾は再びもとの芸者におさまり、出かけた接待宴席で、大企業の立派な社員になった藤巻に再会して心はずむが、彼は小声で、連れた得意先の今夜の相手をしてくれと頼み、がっかりする。二号は清算したからいいじゃないかと誘われて山茶花と行った箱根で、山茶花は別の若い愛人とばったり会い、若尾は置き去りにされる。

偶然また会った高見国一が上高地に行ってみたいと言うので、思いつきでそのまま一緒に汽車に乗る。上高地登山口へ向かう支線電車で子供をつれたフランキー夫婦に遭遇するが、フランキーは黙って去る。終点の登山口駅で高見に小遣いを渡して行かせ、自分は一人、バス駅に残り、故郷の長野市へ行ってみようかと考えた。

＊

純情な主人公芸者は、相手が喜ぶのならと出会った男に尽くすが次々に去られる。ラストの意外な展開は、それまでのお座敷場面とちがう信州の爽快な自然が目を洗う。さてこれからどう生きようとバス駅にたたずむロングショットのラストシーンが印象的だ。

風俗映画だが、べたべたした愛欲シーンは全く入れないのが監督川島の良さ。その尻軽で人の良い女を演じる若尾文子がすばらしい！　色気、女らしさ、素直、自己主張しない……。男なら誰もが好きになる女性を、にこにこと顔色ひとつ変えずに、あのやや鼻にかかった独特のエロキューションで台詞を言うからこそ、こちらは心を知ろうとする。「顔で演技しないこと」で強調される存在感のサスペンス。

例えば『あなたと私の合言葉　さようなら、今日は』（一九五九）では、監督：市川崑の演出もあろうが、目で的確に演技する京マチ子に対し、終始にこにこ顔だけで通した若尾の方が腹を読めない緊張感があった。今回の若尾文子映画祭でまた何本かを見たが、その「表情を作らない」場面が際立っていたように思う。京マチ子、高峰秀子、山田五十鈴、杉村春子。演技派名女優は数あれど、黙ってこちらを見ているだけで演技になる若尾文子こそが最も映画女優なのかもしれない。これこそミューズ。

この『女は二度生まれる』のポスターの惹句〈最初は女として生まれ、次は人間として生まれる〉は逆ではないかと思ったが、見終えると惹句どおりだった。川島は大映第一作にあたり「若尾君を女にしてみせます」と言ったそうだが、みごとに女にしてみせ、さらにその昇華形にまで高めた。若尾はこれでキネマ旬報、ブルーリボンの主演女優賞に輝いた。

日本映画を見続けて五十年、あやや若尾文子は私の一番好きな女優になりつつある、映画祭は秋にまたやってくれるそうだ。通います！

（角川シネマ有楽町）

遠慮のない女たち男たちと作家先生

青べか物語

一九六二（昭和三七）年　東京映画　一〇〇分
監督：川島雄三　原作：山本周五郎　脚本：新藤兼人　撮影：岡崎宏三　音楽：池野成
美術：小島基司　出演：森繁久彌　東野英治郎　加藤武　桂小金治　中村是好　左幸子
市原悦子　フランキー堺　池内淳子　山茶花究　乙羽信子　左卜全　園井啓介　小池朝雄
＊船長服を着た左卜全の淡々とした語りの味わい。池内淳子、乙羽信子は台詞が一つもないのにすごくイイ。

一九六〇年に発表され、山本周五郎の声価をいちやく高めた原作を川島はすぐに映画化した。あまり売れていないらしい作家・森繁久彌は、江戸川を挟んだ東京のすぐ隣、浦粕（浦安）へ、鞄一つに下駄履きでふらりとやってきて下宿する。

浦粕は「沖の百万坪」と呼ばれる遠浅で、底の浅い「べか舟」で魚や貝を採る漁師町だ。ぽつんと海を見ていた森繁は、老漁師・東野英治郎の青く塗ったボロべか舟を強引に買わされ、強欲、強引、お節介、助平に生きる地の洗礼を受ける。

その代表が東野英治郎（たかり専門の老漁師）、加藤武（赤ふんどしがトレードマークの消防団長）、桂小金治（多情な女房・市原悦子の浮気に泣く天ぷら屋）、中村是好（たまり場の床屋主人）の、他人の事情に首を突っ込むのが生き甲斐の四人組だ。一方、ごったく屋（料理屋）の左幸子ら女三人は、ひとたび客が来るやどんどん勝手にビールをぽんぽん空けて宴会を始め、抗議する森繁には馬乗りになる。

洋品店の気弱なフランキー堺に来た嫁（中村メイコ）は床を許さぬままどこかに消えてしまい、四人組は洋品店のだらりと下る吹き流しを指さし「やっぱ、あっちの方がダメだった」と笑い飛ばす。怒ったフランキーの母（千石規子）は、水も滴る美人嫁（池内淳子）を見つけてきてハッパをかけて事を成させ、翌日の吹き流しはピンピンに立ち、四人組をあぜんとさせる。慾むき出し手八丁口八丁の面々にマジメ警官・園井啓介は手も足も出ない。

主人公の作家にはほとんど台詞を与えず、小説を書くような独白で話を進めてゆく。本来喜劇演技やペーソスは十八番の森繁に芝居をさせず、インテリというほどでもなく、作家の人間観察というほどでもなく、翻弄されながらもただ傍観している距離感が、単なる漁師町のどたばた喜劇にさせないため川島の考え抜いたところだろう。

あくの強い挿話の中でキラリと光るのが、引退した自分の廃船で幼き日の初恋の思い出に一人生きる老船長（左卜全）。十年も酒乱暴力の限りで妻（乙羽信子）を苦しめ、蹴っ飛ばされて足を折られながら「どうか殺さないで」と哀願されてハッと目が覚め、以降酒を断ち、歩けなくなった妻に食事風呂など献身的に尽くす山茶花究（名演技）。話を聞く森繁はへたに相づちを打たず、聞いているだけの芝居に真骨頂を見せる。

川島はこの作についてこう語っている。

〈『青べか物語』の場合は、作者不在ではいけないのではないか、と思った。作者がその中にいなければ、僕がやる必要はないのではないか、という感じがしました〉（『川島雄三　乱調の美学』磯田勉著／ワイズ出版）

作者不在にしないというのは原作者・山本周五郎を登場させ、その目であくの強い人物群を描くことだ。

また続けて、〈それで、コンビの岡崎宏三カメラマンに相談して、これは印象派からやり直そうじゃないか、こういう場合は、印象派からやり直していいんじゃないか、そういう絵をつかむことを、やってくれ、といいました〉（同）

撮影：岡崎宏三のカラフルに明るい印象派絵画風のカラー画面は緑の発色がよく、じつにじつにすばらしい。老船長の挿話のソフトフォーカスの移動はため息がでるようだ。

あくと叙情のバランス、人間くさい話を美しく描く画面。川島雄三、さすがの一編。

（角川シネマ有楽町）

痛快！　戦場舞台の西部劇

独立愚連隊

一九五九（昭和三四）年　東宝　一〇八分
監督・脚本：岡本喜八　撮影：逢沢讓　美術：阿久根巖　音楽：佐藤勝　出演：佐藤允
中丸忠雄　中谷一郎　江原達怡　夏木陽介　南道郎　沢村いき雄　ミッキー・カーチス
雪村いづみ　中北千枝子　上原美佐　鶴田浩二　三船敏郎
＊敵軍大襲来を高い瓦屋根の上で待ち伏せていたが、そこでも賭けをして、うっかりサイコロをチョロチョロと屋根に転がして落としてしまい、それで気づかれるというなんとも粋なアイデア。
＊ジェリー藤尾が酔っ払い兵でワンカットだけ出るのは、どうやらカメラテストらしい。

軍曹・佐藤允は毎朝新聞記者と偽って、部隊居留地で女と心中したとされる弟の死の真相を探りに、一人で北支最前線にやってくる。そこの慰安婦に、なんと本土から佐藤を追ってきた許婚の雪村いづみがいて佐藤は驚くが、俺の身分を明かすなと固く口止めさせる。

副隊長・中丸忠雄から、陣営から遠くはずれた場所にならず者兵ばかり集めた通称・独立愚連隊が駐屯すると聞き出し、「生きて帰れないぞ」と止められながらも向かう。

本隊から見捨てられたような愚連隊部隊はなぜか食料も届かず疲弊していたが、兵たちは意気軒高。連隊長・中谷一郎は、やって来た怪しげな新聞記者を警戒する。

戦争なんかどうでもいい中丸はいずれの終戦を読んで、本隊からの軍資金や食料費、金品を部隊に回さず貯め込んで私腹を肥やしていた。それを知った部下（佐藤の弟）が意見書を記したのを知ると、女といる所を見計らって撃ち殺して心中に見せかけ、そのことも隊の不名誉であると秘密扱いにした。それを知るゆえに激戦僻地に飛ばされている連隊長・中谷は、舞込んできた佐藤を心中事件の兄と次第ににらんでくる。

＊

軍隊映画は山ほど作られたが、これは戦場を借りた復讐西部劇。上から下まで愛国精神もヘッタクレもない男たちが、軍規なんか知るかいと躍動する。

帝国軍人らしいのは二人だけ。その一人、部隊長・三船敏郎は要塞から落ちて（じつは中丸に落とされて）頭が変になり、勲章をいっぱいぶら下げて抜刀し「整列！　わが軍はこれより……」と命令するが、兵も洗濯する女たちも「また始まった」と誰も相手にしない（こんな役をやる三船エライ）。やがて三船名誉のご帰還とさせ、副隊長中丸は隊の実権を握る。もう一人、軍旗を受け取りに来たいかにも軍隊エリートの少尉・夏木陽介は、何もしないうちにたちまち爆弾で目をやられ、兵にかつがれたお荷物と化す。がちがちの軍人はまるで役立たずだ。

そんな者より、大陸戦場を自分の生き延びもかけて自由自在にやってきた連中こそが主役。大口のにやにや笑いで相手をうかがう佐藤はまさにリチャード・ウィドマーク。疑い深い目つきの中丸、さっぱりして余計なことは言わない中谷らは、直立不動、挙手敬礼、大声報告などの軍人らしい態度は全くなく、服の胸ははだけて机に足を投げ出し、拳銃をおもちゃに時間をつぶす。

上がそうなら下も。何かといえば飯盒で「次の攻撃は来る、来ない」とサイコロ博打する奴。手榴弾を「えい、ほう、それ」と遊ぶように投げる。サラリーマン喜劇で若手遊び男が持ち役の江原達怡はちっとも軍人に見えず「死体処理、簡単にやっちゃいましょう」とドライ。男たちは皆明るくのびのびと好きなことをしている笑い声がこんなに多い軍隊映画はなかった。

悪党中丸も「どうせもうこんな戦争は終わる、今のうちにがっぽり得しとけばいい」とそれなりに合理的だし、佐藤と中谷は腹を探りあいながらも惹かれるものを感じ、最後はともに敵に向かう、西部劇の男と男の最も気持ちよい出会いそのままだ。

この「精神性ゼロ、面白ければいい」の不敵な作り方、また『二等兵物語』のような負け犬根性の戯画喜劇ではない明快なアクション仕立てがこの映画の最大の創造で、似る雰囲気といえばマキノ雅弘の『次郎長三国志』か。

アバンタイトル、草むらで仮眠していた佐藤が「アーア」と目をさまし、そのまま馬に飛びまたがって彼方へ走り飛ばすショットは、話の転換に繰り返され、さあまた面白くなるぞと乗り出させ、人物がこちらに来てカメラを塞ぎ、次は逆側からその背を見送る岡本喜八得意のカット割りもリズミカルだ。

軍旗を取り戻し本隊に戻れることになった隊に、中谷は「ご苦労だった」と言いながら「これは考え方だが、一応命令を受けて来た、俺なら命令を果たして戻りたい」と問いかけ、愚連隊連は一斉に「やっちまえ！」と歓声をあげ最後の大作戦に入るのは、話がわかって男らしい指揮官のもと、この仲間といるのが面白くて仕方がないという表れ。そして敵の大軍を全滅させ愚連隊も滅びる。

生き残った中谷は「俺もこれで日本に帰れるかな」とつぶやき（じつは彼はもと毎朝新聞にいたので佐藤の偽装を見破っていた）、「お前はこれからどうする」と訊かれた佐藤は、戦死した許婚雪村の墓標を立て、大陸を駆け巡る馬賊首領の鶴田浩二（好演）に「よかったら一緒に来ないか」と誘われ、それもいいかと馬で駆け出してゆく。反戦も日本もくそくらえ、俺は自由にやるんだという決意に、アクション映画なのに感動する。

「すべてが痛快」クリント・イーストウッドのはるかなる先達は岡本喜八だったのだ。

（ラピュタ阿佐ヶ谷）

敵中突破の札付き六人

蟻地獄作戦

一九六四（昭和三九）年　東宝　一〇一分
監督：坪島孝　脚本：関沢新一・小川英　撮影：小泉福造　音楽：広瀬健次郎　美術：植田寛
出演：仲代達矢　佐藤允　夏木陽介　中丸忠雄　平田昭彦　堺左千夫　柳谷寛　水野久美
中川ゆき　田崎潤　沢村いき雄　谷啓　遠藤辰雄　三橋達也
＊俳優座同期の仲代達矢と佐藤允の初めての本格的共演というのもうれしく、冒頭、じろりと見る仲代、にやにや見返す佐藤は、互いに心が通じているようでとてもいい。

大戦末期の北支最前線に回されてきた一匹狼の中尉・仲代達矢は、八路軍を絶つ峡谷の橋爆破隊長を命じられ、特命隊員に夏木陽介、佐藤允、中丸忠雄、平田昭彦、道案内・堺左千夫を与えられる。まじめな新兵・夏木以外の三人はいずれも札付きのごろつき兵で、道案内も役立ちそうにない。上官・田崎潤は敗戦を見越して金品を貯めこみ、その片棒・中丸も問題兵たちも、成功見込みのない命令で一掃しようとしたのだった。

仲代もふくめた六人はそんなことは百も承知。いつでも逃げてやる、隊長のお手並み拝見と斜に見る連中に、仲代は「お前らはクズだ、クズなりに仕事をしろ」と気合を入れる。しかし案の定、向かう途中で佐藤は「こんな命令、お断りだぜ」とにやにや顔で銃を向け、フフンという顔の仲代に発砲するが、渡されていた銃は仲代が前もって弾丸を抜いておいた空砲だった。

一夜入った集落は罠で、深夜に大ゲリラ隊に包囲襲撃され、ごろつき兵は腕を発揮して鎮圧。いつしか自分を守る戦いにもなってゆき、一方それぞれの怪しさも浮かんでくる。

危険、対立、裏切り、意外な援軍、あれこれあってようやく峡谷をまたぐ大橋にたどりつき、橋桁に爆薬を仕掛けるまでできたが、肝心の雷管がなくなっていた。

＊

冒頭の長いアバンタイトルで、着任した仲代に特命隊員を一人ひとり紹介し、いつもは敵側の頭脳派知恵者の中丸忠雄、平田昭彦がこちらに（一応）仲間として加わるのが新鮮で、こいつは面白くなるぞとわくわくさせる。

不可能な特命を言われた六人が敵中に潜入し、対立したり、怪我人が出たり、スパイがいたりしながら、目的に向かう戦争アクションは、一九六一年に公開された傑作『ナバロンの要塞』（J・リー・トンプソン監督）を思わせる。

夜の洞窟に疲れた全員が座り、誰かが話すのを聞く仲代、中丸、平田らが、微妙にちがう表情リアクションをとるのが、横長シネマスコープ画面で同時に演じられて見どころだ。『ナバロンの要塞』でも、決行直前に爆薬雷管が抜かれているのがわかり、スパイ嫌疑に発展、隊長グレゴリー・ペックは非情な決断を迫られる。

獲物を狙うようなズーム、疾駆する騎馬群を追う高速移動、ときにじっくりと腰を据えて人物の怪しさをみるカメラワーク、派手な爆破。感心したのはセット美術のすばらしさ。一夜こもった荒れ寺は林立する仏像や仁王に蜘蛛の巣がからみ、下ライトで不気味に浮かんで、後の武侠映画の傑作『俠女』（キン・フー監督／一九七一）を思わせる。

傷を負って担架で運ばれることになったお荷物のくせに憎々しい口をきく中丸は、最後の最後に「死に花を咲かせろ」と危険をかってでる。平田は平田なりに祖国に殉じた。荒っぽい男たちに欠かせない一輪の花も水野久美だから言うことなし（死なせないでほしかった）。せっかくの三橋達也は顔を出すだけでちょっと勿体なかった。

岡本喜八が創始した西部劇的戦争アクションは、製作順に『独立愚連隊』『独立愚連隊西へ』『どぶ鼠作戦』『やま猫作戦』『独立機関銃隊未だ射撃中』『のら犬作戦』『蟻地獄作戦』『血と砂』の八作。私はすべて見て、はじめの三作がベスト。一本なら『西へ』。その三作に次ぐのがこの『蟻地獄作戦』だ。それまでに役者に与えた個性の応用展開、大規模なセットとロケーション、展開するスリルとアクション。シリーズの遺産を巧みに仕上げた坪島孝の手際あざやか。こういう純娯楽作品の仲代は最高だ。

（ラピュタ阿佐ヶ谷）

故郷に帰った渡世人を情緒ゆたかに

風雲金毘羅山

一九五〇（昭和二五）年　松竹　九二分
監督：大曾根辰夫　脚本：鈴木兵吾　撮影：太田真一　美術：桑野春英　音楽：須藤五郎
出演：阪東妻三郎　山田五十鈴　黒川弥太郎　山路義人　井川邦子　清水将夫
＊黒川弥太郎の妹で出てくるのが、笑顔が素敵な井川邦子で、とてもうれしい。

久しぶりに故郷銚子のお盆に帰ってきた渡世人・阪東妻三郎は、村外れの川岸にたたずむ山田五十鈴を見て「はやまるな」と声をかけるが、身投げではなく、「よしとくれ」とあしらわれ、「これは失敬」と去り、五十鈴は後ろ姿を見送る。

元親分の家で仏壇に手を合わせくつろぐが、親分の娘の表情はさえない。夫になった乾分《こぶん》・黒川弥太郎は、その後土地の顔役にのし上がった山路義人の悪行を抑えきれないでいたのだ。かつて娘に好意をもちつつも、夫には真面目な黒川がよいと自分は身を引いて渡世人になった阪妻は、複雑な気持ちになる。

阪妻が立ち寄った居酒屋は五十鈴が女将だった。五十鈴は顔役・山路の囲い者になってここをやっていたが気持ちは捨て鉢だ。しかし筋を通しながら情もある阪妻に心ひかれ、彼も五十鈴の真情を察してゆく。そこに来た山路は顔を知る阪妻に、俺の処に来いと誘うが、「三下だったお前が大きな顔をできるのは誰のおかげだ」と見据え、後ろに立つ黒川は身をすくめる。

散歩に出た浜で阪妻は土地の古老役人に、かつて出入りのはずみで阪妻が斬った若者は五十鈴の弟と聞きがく然とする。一方五十鈴も山路から「あいつはなあ」と明かされ、弟の仇と知る。

網元を牛耳る山路は、網代利ざやを大幅に上げて懐を肥やそうと決め、黒川の止めるのも聞かず、反対者を村外れに呼び出し切り捨てる策をたてる。もはや五十鈴には会えず、再び故郷を出ると決めた阪妻は土地の悪者を一掃しようと乗込んで刀を抜き、敵側で躊躇していた黒川もこちらに立つ。最後に山路を切り捨てようとする阪妻に「そこまでだ」と声をかけたのは彼を追っていた江戸の役人・清水将夫だった。阪妻を悪人と思わない清水は山路を捕らえ、阪妻に「これ以上罪を重ねずお縄につけ」と説き、村外れで待つから五十鈴のもとに顔を出して来いと去る。その阪妻を迎えた五十鈴は……。

＊

冒頭は盆祭の夜。やぐらを中にゆっくり回る踊り、囲む屋台のそぞろ歩き、娘や子供たちが川に浮かべる精霊流しの行灯《あんどん》をカメラはゆっくりと追い、なかなか本題に入らずに川下に佇む五十鈴に至る。思いに沈む五十鈴の背後から股旅姿の阪妻がさりげなく現れて声をかける。

故郷に帰ってきた渡世人が悪者を成敗してまた去るのは、名作『沓掛時次郎　遊俠一匹』（一九六六／監督：加藤泰）など股旅物のパターンで小林旭の渡り鳥シリーズも同じだが、この作はその通りの話を、広さのあるセット、丁寧な撮影で情緒たっぷりに描いてゆく。風呂から上がって縁側で団扇をつかう阪妻のロングショット、そこから立って別部屋にゆくのをゆっくり追い、終始遠景に繰り返される遠雷の稲妻が効果をあげる。

主役の阪妻はただ腕が立つだけではなく、例えば黒川にひざ詰めで意見し、俺の頼みだと頭も下げ、隠れて聞く妻に涙させる。一方居酒屋ではにっこりと愛嬌も見せていつしか五十鈴をひきつけ、もちろんいざとなれば立ち上がるのはわかっているから文句なしに頼りになる。五十鈴はこれといった芝居はないものの、繰り返される顔のアップは、せりふなしで精密に微かな心情の移ろいを表してさすがの大女優だ。二人をまず同画面にアップにおさめ、片方が口を開くと、聞く側のアップに寄って言葉への反応を受け芝居で見せ、しゃべり終えるとややあってカメラはぐーっと退き、新たに生じた二人の関係を遠くから眺めるカメラワークの巧みさ。そしていざとなれば堂々とまん中に現れ「俺はここにいる、出てこい」と立ちはだかる。

渡世人はニヒル派になりがちだが、体を張った実行と人柄の温かさを両立させた像は、中村錦之助も市川雷蔵も勝新太郎も仲代達矢も菅原文太も、誰もできなかった阪妻だけのもの。それを存分に味わえる。大スターを粋と情の両面で生かし、情緒たっぷりに描いたこんな豊かな作品があるとは知らなかった。「松竹映画百年」で上映した国立映画アーカイブに感謝。

（国立映画アーカイブ）

注目の並木鏡太郎が撮った空手映画

唐手三四郎

一九五一（昭和二六）年　新東宝　六九分
監督：並木鏡太郎　原作：石野径一郎　脚本：飯島憲一郎・瀬戸口寅雄　撮影：平野好美
出演：岡田英次　月形龍之介　清水将夫　藤田進　川喜多雄二　浜田百合子　坪内美子　香川京子　大谷伶子
＊浜田百合子ってこんなに女の魅力があったのか。一目ぼれしました。

文芸作『樋口一葉』（一九三九／主演：山田五十鈴）、痛快作『魚河岸帝国』（一九五二／主演：田崎潤・山村聰）で注目している並木鏡太郎作品にとびついた。

東都大学唐手部の岡田英次は藤田進の道場で稽古している。その中に川喜多雄二、香川京子もいる。川喜多は秘かに思う下宿先の娘・大谷伶子と岡田が仲良さげにしているのを見て嫉妬し、稽古中に岡田に本気で挑み、はずみで腕を折られて入院。見舞いに来た岡田にもそっぽを向く。

岡田は入院費をかせぐため港湾労働のアルバイトを始め、あるとき船上の人足の大喧嘩に割って入って止める。ボスの清水将夫はその腕をかい、自分のところで働けとまとまった金を渡す。

清水の裏の顔は麻薬の密貿易で、その用心棒役と知った岡田は「この仕事は断る、金はいずれ返す」と言うが、もう一人の酔いどれ用心棒で片腕の月形龍之介に唐手で倒される。

岡田はその月形は、自分の師・藤田が話していた秘拳「三角跳び」の持ち主と知り、家を訪ねて教えを請うが断られ、その口ぶりから藤田との因縁も知る。藤田と月形はかって同門で唐手を修業していたが、月形が惚れる坪内美子に藤田も気があると疑った野試合決闘で月形は片腕を失っていたのだ。

坪内は二人のどちらにも身を隠して結婚したが夫の戦死で貧乏に苦しんでおり、援助するとの甘言で坪内の娘の大谷伶子が連れられたのは旅館で、二号にするつもりの清水が待っていた。知った岡田は清水のところに乗り込み大谷を返すよう要求、待っていた月形と決闘となる。

＊

女をめぐってやたら決闘するご都合話だが、岡田、月形が沖縄出身という設定がユニークだ。港湾バイトを承知した岡田を清水が連れた居酒屋は沖縄の花の名「梯梧《でいご》」で、三線にのって沖縄舞踊が踊られている。月形はその故郷酒場でとぐろを巻いている背中で登場。女将・浜田百合子は沖縄風の高い髪形で大人の色気をたたえ、ハンサム学生岡田に一目ぼれする。

陰であやつる冷静な悪が決まり役の清水が、ここでは最後に夜の波止場で派手に拳銃を撃って走り回り、大警官隊に包囲される大立ち回りを見せるのが珍しい。

藤田と月形の野試合決闘は黒澤明のデビュー作『姿三四郎』（一九四三／主演：藤田進・月形

龍之介）のまんま。この決闘で片腕を失わせた月形をずっと探していた藤田は再会して手をさしのべるが月形は拒否。そのまま倉庫裏に場を替えて再決闘となり、こんどは藤田が怪我を負う。

取っ組み合う柔道と違い、唐手はぴたり静止した「型」が、一瞬手や足を繰り出して交戦、また次の「型」でストップモーションのごとく静止して睨み合うのは映画的だ。船上の大喧嘩に止めに入った岡田は、からみつく相手に目もくれず、拳、肘、突き、蹴りの一閃で次々になぎ倒す。沖縄武道「唐手」の迫力はブルース・リーの如し。

それが、こういう乱闘アクションとは全く縁がないはずの甘いインテリ二枚目・岡田英次が、白い空手着で髪振り乱して演ずるおもしろさ。一方、片腕の月形は着物に袴。大物らしく静かに威圧感をみせると思いきや、低く構えたり、高く跳び蹴ったりの大アクションを展開。闘いは波止場から海に延びた一本の細い防波堤に移って長い対決は手に汗にぎる。最後に倒された月形は苦しげに「お前、三角跳びを会得したな」とつぶやく。その肝心の「三角跳び」が、この当時では特撮ができなかったのかワンカットで写らない（跳ぶところと着地するところだけ）のは残念だけど。

並木鏡太郎は的確なカメラ位置で画面をつくり、俳優も単純に役に徹しさせて、映画作りがとてもうまい。どうやって終わりにするかと思っていたが、浜田と月形の乗る船が沖縄に帰ってゆくラストシーンだった。月形は坪内をあきらめた後、浜田に惚れていたのだろう。でもこれは何の映画だったのかな。

解説ちらしによるとオリジナル本編は七五分だが、現存六九分の上映だそうだ。そのためか、沖縄酒場で花売りをしたり、波止場をうろうろしてならず者に捕まり岡田に助けられる香川京子（この後の二人の波止場ショットはここだけ本来の岡田・香川にふさわしいロマンチックさがあって別映画みたい）は、ちらちら出てくるわりにどういう人か不明だが、ラストシーンでそれがわかるとアッと驚く。じっさい観客はかるくどよめいた。その正体は絶対言えません。

並木鏡太郎作品はまだたくさんある。どこかで上映してくれないか。

（シネマヴェーラ渋谷）

海外で評価されたカラー作品は

地獄門

一九五三（昭和二八）年　大映　八八分
監督・脚本：衣笠貞之助　原作：菊池寛　撮影：杉山公平　音楽：芥川也寸志
美術：伊藤熹朔　出演：長谷川一夫　京マチ子　山形勲　千田是也　黒川弥太郎　清水将夫
田崎潤
＊平清盛の千田是也は楽しそうにやっている。

一九五〇年、黒澤明監督が大映で作った『羅生門』が、思いがけずもヴェネチア映画祭金獅子賞を受賞。勢い上がる大映社長・永田雅一は一九五三年、自ら陣頭指揮をとり、日本初の総天然色イーストマンカラーで撮影した『地獄門』は海外受けを狙った通り、第七回カンヌ映画祭グランプリ、第二十七回アカデミー外国語映画賞・衣裳デザイン賞、第二十回ニューヨーク映画批評家協会賞などを受賞した。

映画史に残る作品を見なければと思っていたが、褪色したカラーでは真価はわからない。それがデジタルリマスターで復元されたので今ぞと見に行った。

サイズはスタンダード。そのファーストショットから鮮やかな発色に目を奪われた。大映初のカラー撮影に、画面は意識して色が配置され、室内の御簾《みす》の薄緑の紗を微風であおって、景色に色をかぶせ透かすなど工夫される。

今のデジタルカラー撮影は要するに見えたままの現実で、見ていても色など意識しない。フィルム撮影のカラーは一般に実際よりは濃くなるが、イーストマンカラーの本作は、より濃厚なうえ、十二単衣の細かな柄まで赤、黄、青などの色分離がじつにきれいで、最も褪色しやすい緑と紫が冴えて鮮やかだ。ナイトシーンは長谷川一夫の鎧の青い縅《とじ》ひもが月光に照り映える。

平安時代の再現は広大なセット。当時のカラー撮影は大光量を要するので、スタジオは蒸し風呂だっただろう。大セットのみならず、見渡す限りに居並ぶ平安貴族らの膨大な衣裳はいったいどれだけの費用と手間がかかったのか。この撮影で展開されたオリエンタリズムに世界が魅了されたのはさもあろう。

物語は、平清盛（千田是也）の厳島神社参拝中におきた謀反「平治の乱」の後日譚。乱で焼かれた御所から公家の美女・袈裟（京マチ子）を救った武将・盛遠（長谷川一夫）は、清盛から「望みの論功を申せ」と言われ「袈裟を嫁に」と申し出るが、袈裟はすでに身分高い公家（山形勲）の妻であり、「それは無理」と満座から嘲笑される。

京恒例の加茂川の競べ馬で、山形と長谷川は一騎打ちになり、僅差で長谷川が勝つ。しかしその祝宴席で「山形は最後の一鞭を入れず、勝ちを譲った」と言う口話が出て長谷川は激昂。「ならばここで」と刀に手をかけ清盛に叱責される。

頭に血が上った長谷川は、「母が病気と偽って出よ」と夜陰に京を呼びだし、力ずくで「俺の嫁になれ、さもなくば夫を斬る」と迫る。命の恩もある京は折れたように見せ、では今夜訪ねてと言い残して帰る。その手引きで寝所に忍び込んだ長谷川が、ものも言わず刀を刺したのは、山形と寝床を換えていた京だった。発見した山形は妻を殺した長谷川を斬り捨てるでもなく「一生後悔せよ、わしもじゃ」とつぶやく。終わり。

無茶苦茶な話だ。長谷川は強引に他人の妻を横取りしようとするが、相手の京は長谷川に気があるわけではなく、高潔な夫を尊敬しているのだから話が成立しない。公家の妻が夜道を供もなく一人で出て行き、帰るのも不自然。館に戻った京が夫に伝えて迎え撃てば一件落着のはずなのに、身代わりに死ぬ理由がない。寝所に忍び込み、声もかけずに刺すのも武将にもとる振舞いで長谷川の人格は決定的にバツ。見つけた山形が天をあおいで赦すのもアホらしい。

自分勝手、これ見よがしに大芝居を繰りかえす長谷川にはすっかりしらけ、最後は出家して、行脚に地獄門を出てゆくが、頭が悪いからまた同じことを繰りかえすだろう。

何の意味もない話だったが、撮影はすばらしかった。


（恵比寿ガーデンシネマ）

てんめんたる明治情緒にうっとり

婦系図　湯島の白梅

一九五五（昭和三〇）年　大映　一一六分
監督：衣笠貞之助　原作：泉鏡花　脚本：衣笠貞之助・相良準　撮影：渡邊公夫
音楽：斎藤一郎　美術：柴田篤二　出演：山本富士子　鶴田浩二　森雅之　杉村春子
加東大介　沢村貞子　高松英郎
＊スリの高松英郎と鶴田が同じ静岡での子供友達と知り、一夜くつろぐ場面がいい。

〽湯島通れば思い出す　お蔦主税の心意気〜

おなじみ泉鏡花の名作を、華麗な映像表現に凝る衣笠貞之助が山本富士子で映画化となれば期待高まる。

冒頭、明治の夜の上野公園の博覧会。文明開化期の電気飾りやジンタの音楽が流れる人波をかきわけ、書生の早瀬主税（鶴田浩二）が人目を気にしながら、恋仲の芸者お蔦（山本富士子）をそぞろ探す。都合悪く大学同僚に会ってしまったり、スリらしき挙動不審の高松英郎がうろうろしていたり、たっぷり時間をかけた明治情緒がてんめんんだ。

物語は書かずもがなだが、静岡の孤児・鶴田は、真砂町の先生こと大学教授の森雅之に拾われて実子のように育てられ、学問のよき助手となっている。淋しく天涯孤独の鶴田はもと芸者の山本と好い仲になり、山本は夫婦となるべく湯島・妻恋坂の鶴田の下宿に訪ねて身辺の世話をする。そんな二人を下宿のおばさん（沢村貞子）や出入りの魚屋「めの惣」の大将（加東大介）は温かく見守る。

師はかつて柳橋の芸者（杉村春子）との間に娘を設け、その子は預かって芸者とは縁を切っていた。杉村も身分を悟りきれいに身を引いたが、森に預けた娘を忘れることは決してなかった。そこにかつて芸者仲間でかわいがった山本が訪ねてきて鶴田との仲を相談する。杉村はどう答えるか。

ある中傷がもとで決意した鶴田は、夫婦の許しを得るべく恩師を訪ねるが、師は許さず「学問をとるか、芸者をとるか」と迫る。師は自分の娘が鶴田に好意を持つのも感じていた。義理と板挟みになった鶴田は祝い膳で待つ蔦を夜の湯島天神に連れだし、白梅の下で名せりふとなる。

「つた、何も言わずに俺と別れてくれ」

「別れろ切れろは芸者のときの言葉、わたしは……」

問題は主役の鶴田で、優男だが（いやそれゆえか）独和辞書を編纂する少壮有望学者には見えないのがつらいところ。静的な苦悩が求められる湯島天神の名場面もなんとか演じた感だ。一方山本は、突然別れを言われた動揺から諦念に至るまでの表情演技はみごと。さらに十数年ぶりに森を訪ね、母とは名乗れぬまま、成長した娘に涙し「夫婦は好きあってこそ、あなたは（別れさせられた）私と同じことを強いる気か」と迫る杉村・森の演技合戦はさすがだ。

森は病に伏した山本の枕元で二人の結婚を許し、山本の目から一筋の涙が流れたが、学界を追われて静岡からかけつけた鶴田は臨終に間にあわなかった。

名作『婦系図』は、まず戦前の一九四二年東宝、監督：マキノ正博、長谷川一夫・山田五十鈴で映画化されたが、現存の総集編では早瀬主税は恩師と新爆薬研究に打込む妙な話。その次が一九五五年の本作。次いで一九五九年新東宝『婦系図　湯島に散る花』は監督：土居通芳、天知茂・高倉みゆき。

その次、一九六二年大映『婦系図』は監督：三隅研次、市川雷蔵・万里昌代。私のごひいき三隅研次のは傑作で、端正な市川は申し分なく、スケジュールの合わない若尾文子に代わって抜擢された万里昌代は、監督の猛烈な演技指導により、切れ長の目に秘めた色気と覚悟をたたえた名演だった。新東宝編は未見だが、天知茂の主税は味がありそうで見てみたい。

色男で学者が演じられる男優はなかなかいなく、芥川比呂志ならベストだけれどやや暗くなる。今だったら役所広司、お蔦は誰が演じられるか。

（シネマヴェーラ渋谷）

悪いやつらが芝居やりすぎ

花札渡世

一九六七（昭和四二）年　東映　九三分
監督・脚本：成澤昌茂　撮影：飯村雅彦　音楽：渡辺岳夫　美術：森幹男　出演：梅宮辰夫　鰐淵晴子　伴淳三郎　遠藤辰雄　安部徹　西村晃　小林千登勢　沢村貞子
＊私は鰐淵晴子の大ファンでおおいに期待したが、お人形みたいでした。

シネマヴェーラ渋谷のちらし解説文はいつもうますぎる。

〈軍靴の響きが近づく時代、親分に煮え湯を飲まされた梅宮辰夫は〝仁義は死んだ〟ことを骨身にしみて知る…。ヒロイン・鰐淵晴子と悪女・小林千登勢、いかさま賭博師・伴淳三郎、悪徳刑事・西村晃と、モダンかつリアルな人物造形がすばらしい。画面構成にアートとノワールの香り漂う成澤昌茂監督の最高傑作！〉

これが行かずにいられるか。

成澤昌茂は戦前から巨匠・溝口健二に心酔して内弟子となり〈三味の音絶えない花柳界の真ん中で「女がやることを全部やりなさい」と掃除、洗濯、繕いものなど溝口の世話すべてをし「芝居を知るためには歌舞伎を見ることです」と歌舞伎座通いを続け、溝口の『元禄忠臣蔵』『団十郎三代』『宮本武蔵』『名刀美女丸』の助監督をつとめる〉(『日本映画監督全集』キネマ旬報社より抜粋)。

これだけの人の仁俠映画とはどういうものか。製作一九六七年は監督:マキノ雅弘、主演:高倉健の「日本俠客伝」シリーズが大ヒットして東映の仁俠路線が決定的に定着したころ。成澤監督作品は『裸体』『四畳半物語・娼婦しの』『花札渡世』『妾二十一人・ど助平一代』『雪夫人繪図』(溝口作品リメイク)と五本のみで、どちらかというと脚本家のイメージだ。この作ももちろん自作脚本。

梅宮は青森の親に捨てられて、東京のやくざ親分・遠藤辰雄に拾われた恩に生きる無口禁欲のいい男。小林千登勢は遠藤の養女でありながらじつは妾で、好色多情な遠藤が目をかける美人女中を手下に殺させたうえ、梅宮にも色目を使う悪女。

出所した客分・安部徹は、連れてきたいかさま賭博師・伴淳と組む美女・鰐淵晴子に「オレの嫁になれ、さもなくば悪徳刑事・西村晃にいかさま容疑でお前を渡す、そうなればまともな結婚はできない」と臆面もなく言い寄る。

一方、遠藤も鰐淵に目をつけ、どちらが鰐淵を取るかを賭け、梅宮(遠藤側)と伴淳(安部側)に花札勝負をさせる。梅宮が負けて頭に来た遠藤は勝った伴淳を斬り、梅宮にも「この野郎、負けやがって」と刃を向けて逆に斬られ、安部も遠藤の手下から斬られる大騒動になり、梅宮はる。

鰐淵を連れて逃げる。

孤児の身を伴淳に拾われていた鰐淵は独り身となり、梅宮は拾われ者同士といずれの夫婦約束をして自首する。しかし三年の出所後に会った鰐淵は大店の嫁におさまり、過去を消していた。

梅宮は、「親分の仇」と囲む安部の手下たちを全員斬り殺し、ついでに通報で来た刑事西村も斬る。

目茶苦茶な展開を、花札のアップによる季節感の表現、いかさま博打のスリル、大掛かりなセット白黒画面のノワール感、えんえん続くリアルな斬り合い、戦争に向かう時代背景などまことに丁寧な作りで、悪い奴全員が死んで終わる。

ふう……。がんばって作ったのはわかるが、あまりおもしろくないのは、肯定できる人物が一人もいないからだ。梅宮は頭が悪い。鰐淵は心がない。小林千登勢は女で斬り殺されるが同情はわかない。悪玉をやらせたら右に出る者のない遠藤、安部、西村の三人がやり過ぎの演技でいやがうえにも目立つ。台詞や音楽がやたらボリュームが大きくうるさい。

ちらし解説ほどでもなかったです。

（シネマヴェーラ渋谷）

音楽いっぱいのシンデレラ映画

ジャズ娘誕生

一九五七（昭和三二）年　日活　七七分
監督：春原政久　脚本：松村基生・辻眞先　撮影：姫田真佐久　音楽：村山芳男
美術：木村威夫　出演：江利チエミ　石原裕次郎　青山恭二　小杉勇　殿山泰司　二本柳寛
丹下キヨ子　刈屋ヒデ子　西田佐知子　東郷たまみ
＊楽団ユニバーサルの団員へ公演延期を伝える丸の内劇場支配人に「その方がいいですよ」と返事する劇場関係者風が、美術・木村威夫の本人出演でびっくり。（私は木村さんと面識あり）

大島紬に首手拭い、伊豆で椿油を行商する丹下キヨ子ひきいる娘たち一行は歌が得意。幼い兄妹連れの江利チエミは地方巡業中の楽団ユニバーサルに引き抜かれ、丸の内劇場の支配人・二本柳寛の目にとまり、レビュー「ジャズ娘誕生」で華々しくデビューするシンデレラ物語に、顔も知らない父が楽団のピエロ役だったという泣かせ話も入る。

音楽映画らしく冒頭から娘たちが歌い「あー、そうずらそうずら」の合いの手が楽しい。トラックで来た楽団ユニバーサルがその歌をバカにするので、チエミが一人で歌い始めるとどんどん人が集まってくる。その声に「案外やるな」と言うようにトラックの荷台でギター伴奏を始めるのが裕次郎。この、その他大勢の中にいる裕次郎登場がいい。

前年に『太陽の季節』にちょい役でデビューした裕次郎は、二作目『狂った果実』の太陽族不良で注目されるが、三作目の文芸映画『乳母車』では育ちの良い好青年を演ずる。日活は売りだし方にまだ迷いがあり、音楽映画にもゲスト出演させてみた、と思っていたら実際は堂々の準主役だった。つまりデビュー間もない裕次郎が、あまり重い役ではなく共演している初々しさを見られる。

主演のチエミは民謡に浪曲にジャズに踊りにと大活躍。すました美人とはいえない庶民顔ながら、夜霧の港の逢引でひとり恋心を歌い、遠くで裕次郎が聞いているシーンなどほほえましく、よい感じを盛り上げる。

たっぷりあるショーステージ場面に、裕次郎はぴしっとタキシードを決め、高い背を隠すようやや猫背に肩を揺らし、左足を引きずるような独特の歩き方でポケットに手を突っ込んで悠然と現れ、入れ替わる華やかなダンサーを適当にあしらい歌う一曲は、素人ぽさをたたえてじつに魅力だ。

戦後間もない作品ゆえ劣化したフィルムを予想していたが、白黒スタンダードの画面はぴかぴかにシャープ。冒頭のゆっくり横移動するタイトルバックは、大ステージホリゾントに遠い地平線の荒野を描き、ピアノやドラムセット、ギターを立てかけたミロのヴィーナス像などを点々と配してサルバドール・ダリの超現実絵画を思わせ、すばらしい。

そこから始まる木村威夫の美術は才気が煥発する。子役・刈屋ヒデ子が、新橋あたりのガード下の靴磨きで見事なタップを見せる後ろの煉瓦壁に、野口久光の名イラスト映画ポスター『わが青春のマリアンヌ』『汚れなき悪戯』が貼ってあるうれしさ。

モダンな美術デザインは様々に繰り広げられる数々のショーステージに開花する。本水の雨を降らせた水たまりの間を縫って雨傘とレインコートで歌い踊る「雨に歩けば（ジャスト・ウォーキング・ザ・レイン）」、メキシカン風の「ジャンバライヤ」、三階建ての「家においでよ（カモナ・マイハウス）」など、大勢のダンサーの衣装も踊りも最高だ。

さらに撮影・姫田真佐久の野外シーンなどの画面づくりのうまさ。簡単な立ち話だけでもアップ、手前に何かを置いてなめる大ロングとカットを割り、映画撮影を存分に楽しんでいる。

音楽映画は都会調があたりまえだが、これは前半のどさ回り芝居小屋との対比もおもしろく、軽いジャズものくらいの気持ちで見に行ったが、撮影、美術、衣装、俳優、若き日活の自由と才能が結集したみごとな音楽映画だった。

（ラピュタ阿佐ヶ谷）

ジャズ映画に、はずれなし

ロマンス祭

一九五八（昭和三三）年　宝塚映画　一〇四分
監督：杉江敏男　脚本：須崎勝弥　撮影：完倉泰一　音楽：神津善行　美術：北辰雄
出演：江利チエミ　雪村いづみ　有島一郎　宝田明　山田真二　花菱アチャコ　清川虹子
小泉博　フランク永井　フランキー堺
＊音楽映画お決まりともいえる、夜の無人の野外音楽堂で、一人あこがれを歌うシーンは、どんな作品で見てもいい。

中華料理屋の出前持ち・江利チエミはジャズ歌手にあこがれ、大手興行社長・小泉博に歌を聞いてくれと会いにゆくが相手にされない。そこに来た、いい加減で信用のない元トランペット吹きの有島一郎は、チエミを売り出そうと二人で大阪に行く。その汽車で、親からの見合い写真攻撃から逃げて来た令嬢・雪村いづみと友達になる。

有島は化粧品会社のライバル社長同士の花菱アチャコと清川虹子をけしかけ、手八丁口八丁で売り込むがうまくゆかない。しょんぼりしたある夜の無人の野外音楽堂で、有島のギターでチエミが歌うと、通りかかった学生バンドの宝田明らが拍手する。チエミと有島の借りたボロアパートに、いづみや宝田の友達が集まるようになり、みなで歌ううちにそれぞれ恋心も芽生える。宝田の熱心な説得で実現させた有名キャバレーのチエミのデビューショーはフランク永井の特別出演（フランクが売れないころ有島がトランペットで応援していた恩を忘れず、というのがいい）もあって大成功をおさめ、有島はいよいよと東京に向かう。しかしチエミの真価を知った大物・小泉がのりだすことになり、有島は自らの引き際を悟り、黙って姿を消す。

というお話は型通り、その型通りがうれしい。ハンサムな宝田にチエミ・いづみは恋するが二人とも振られる。しょげるいづみに声をかけた宝田の友人のこれもハンサムな山田真二から、お宅（父親はアチャコだった）に見合い写真を送ってあると告白されてあわてて探し、いづみはにんまりする。

東京のリサイタルショーは、フランク永井、フランキー堺に、「本物の」宝田明、山田真二も実名で特別出演して華やかになる（歌う本物を舞台袖から役の宝田・山田が見て、いづみが「似てるわねえ」という顔をするオチあり）。

見どころは何と言っても歌う場面だ。それぞれに合わせたステージデザインで、チエミ（「ビギン・ザ・ビギン」「月影の渚」など）、フランク永井（「こいさんのラブコール」など）、フランキー堺（当時のナンバーワンジャズコンボ、トランペット福原彰、ピアノ世良譲らを従えて大ドラムソロ）、雪村いづみ（ダイナマイト系のパンチ歌唱三曲）、宝田明・山田真二は甘い歌声と、もう物語に関係なくみんなが歌う。

じっくり歌うフランクのうまさ、若きいづみの潑剌たる踊り、チエミの絶唱。プロ歌手やスターがショーステージで歌うのをきっちりと写しているのはまことに貴重で、映画の大きな力と思わずにいられない。これが音楽映画の価値だ。

さらにもう一つうれしいご愛嬌は、映画スターが楽器を手にするのを見られること、真似だけなどと野暮は言わない。白い上着の宝田が吹くトランペットはまったくカッコいい。傑作『踊りたい夜』（一九六三／監督：井上梅次／水谷良重・倍賞千恵子・鰐淵晴子の三人が網タイツで踊る！）では佐田啓二がテナーサックスを吹いてみせた。

『青春ジャズ娘』『ジャズ娘誕生』『裏町のお転婆娘』『ジャズ娘乾杯！』『大当たり三色娘』、そしてこの『ロマンス祭』などなど。ジャズ音楽もの映画に、はずれなし！


（ラピュタ阿佐ヶ谷）

ハリウッド調豪華ミュージカル

ジャズ・オン・パレード1956年 裏町のお転婆娘

一九五六（昭和三一）年　日活　九二分
監督：井上梅次　脚本：吉田広介　撮影：間宮義雄　音楽：多忠修　美術：木村威夫
出演：江利チエミ　長門裕之　フランキー堺　岡田眞澄　芦川いづみ　浅丘ルリ子　菅井一郎　内海突破　沢村国太郎　森川信　市村俊幸　高英男　月丘夢路　新珠三千代　北原三枝　南田洋子
＊菅井の屋敷から二人組をつまみ出す大男はジャイアント馬場。日活撮影所で電話を受ける月丘夢路の後ろで大坂志郎と山村聰が何か話している。

三文興行師の二人組は、興行界の大立者・菅井一郎の屋敷に会いに行くが門前払い。そこに落ちていた葉書を拾うと家出した孫娘が菅井にあてたもので、歌の勉強をしているので探さないでくださいとあった。同じく歌を夢見て上京した江利チエミは無銭飲食のかわりに歌って喝采をあび、客からたくさん金をもらう。そのチエミを菅井の孫娘と思った二人組は、彼女を売り出す大ステージショーを組むとでっちあげ、あちこちから資金を出させる。

そうとは知らぬチエミが身を寄せた、身寄りのない子を育てている慈善の家には、大舞台を夢見る男三人（長門裕之・フランキー堺・岡田眞澄）、まだ子供の浅丘ルリ子のほか、本物の菅井の孫娘・芦川いづみも手伝っているがそれは誰も知らない。

地主のやくざから慈善の家は取り壊すから出て行けと言われたチエミらは、ショーで窮状を訴えようと二人組の話にのり、「子供たちを助ける」と銘打った企画に大物スター（月丘夢路・新珠三千代・北原三枝）も賛同出演と大きく新聞に出る。それを見た菅井は新聞写真のチエミは孫娘ではない、詐欺だと激怒。大物スターは出演を取り消し、菅井は屋敷を訪れたチエミらの懇願もはっきり断るが、一行に隠れていた芦川が「この子たちのために私からもお願いします」と言い出て、菅井は探していた孫娘に出会う。

インチキくさい興行師、やくざのような流しのチーム、大舞台を夢見る男たち、欲の皮の突っ張った連中、泣かせ話もおりまぜた、まさにハリウッド調ミュージカル映画。

＊

話の途中でいきなり歌いだすのがミュージカル。カレーライスを三杯食べたチエミは、そこにいた流しグループや長門・フランキー・岡田の三人組に手を取られ丸テーブルを飛び歩き朗々と最初のナンバーを歌う。内海突破の口車に乗る森川信の強欲な質屋など、あれこれどたばたあって最後はもちろん盛大なステージショー。それもセットを変えた四部構成。まずフランキーと長門の水兵が世界の港を回って女の品定め。そのハワイ編でなんと南田洋子のセクシーなフラダンスに大ニコニコ。芸達者の長門を相手にしたチエミのワンマンショーは秋の枯葉の木一本だけの舞台で世界の歌めぐり。

次の「銀座の女スリ対男スリ、三人同士の対決」は、高級銀座夫人（月丘夢路）、妖艶マダム（新珠三千代）、男性的ないい女（北原三枝）が次々に見事なファッションと決めポーズで登場。対する男組は、キレ者風の長門裕之、わざと田舎者にみせる市村俊幸、しゃれたプレイボーイ岡田眞澄。スリ対決（三者三様に小芝居）はみごと男組が勝つが、スラれた美女三人の「返して頂戴」の誘惑にたちまちメロメロになり財布を差し出す。

最後はシャンソン歌手・高英男の歌声に全員登場で歌い踊り、バックダンサーたちが皆、背の高い美女ばかりで、じつにまったく豪華に酔わせる。全身セクシータイツ美女群の、特に真ん中の人をもう一回見たい！　ＤＶＤ出たら買いたい！

美術監督・木村威夫は重厚リアリズム（熊井啓監督ら）、明治の風俗再現（豊田四郎監督ら）、特異な表現派（鈴木清順監督）と何でもござれだが、音楽映画のステージデザインもすばらしい。また音楽映画のうまさは井上梅次をおいて他はなく、まさに「歌う日活」ここにあり。

美女が踊って誘惑するほど良いものがこの世にあろうか。もう一回書こう、私メは、月丘夢路、新珠三千代、北原三枝、南田洋子様々に完全に悩殺されました♡

（新文芸坐）

長谷川一夫の暗黒ものの厚み

三人の顔役

一九六〇（昭和三五）年　大映　一〇七分
監督・脚本：井上梅次　共同脚本：斎藤良輔、他　撮影：小林節雄　音楽：河辺公一
出演：長谷川一夫　京マチ子　菅原謙次　川口浩　野添ひとみ　安部徹　勝新太郎　藤巻潤
＊ナイトシーンこそ撮影・照明・美術の見せ場。大掛かりな街並みセットの窓を俯瞰移動し、黒トレンチコートの長谷川が豪雨の中を隠れ逃げる冒頭の長まわしのみごとさよ。

夜陰に脱獄したボス・長谷川一夫は、すぐ情婦・京マチ子を訪ねるが、そこに男がいた気配を感じる。呼び出された配下の幹部、菅原謙次・川口浩は、元組員だった安部徹の飲み屋二階に長谷川をかくまって下のカウンターで飲みながら見張り、警官をうまくかわす。二階の長谷川は京に「お前、男がいるだろう」と問い詰めるがごまかされる。川口は二人を離す方がよいと主張。京を帰し、長谷川は菅原の手配でストリッパー・野添ひとみの川べりの仮小屋に身を移し隠す。

ここまでの前半は、夜通し猛烈などしゃぶり雨が降り続き、濡れた飲み屋街のロングショット、捜査警官のかすむライトなど効果満点だ。そこに京、菅原、川口、野添、安部など大物が順を

追って一人また一人と登場、そのたびにひとひざ乗り出す。長谷川一夫はたいへん珍しい暗黒街ものの出演で、凄みのある頽傷、黒のトレンチコートに黒ソフト、菅原もまたベージュのトレンチコートを雨で濡らし、川口の黒スーツも一目で上等とわかる。夜闇、ダンディな服、時間経過を知らせる時計のアップ、煙草の巧みな小道具使い、豪雨にライトを点灯して走る車。これこそまぎれもないフィルムノワールだ。

「ひやひやしちゃったわよ」「オレも、上でお前とボスが寝てると思うと」「あぶないところだったわ」。帰って裸で横たわる京と川口に、ははあ、京の今の相手はこいつかとなる。菅原はボスの金庫に手をつけているので後ろ暗い。互いに、ボスを密告したのはお前だろうと疑っている菅原・川口は、長谷川の脱獄をお荷物と感じるようになる。京と猛烈なディープキスで裸で重なり合う長谷川の意外な熱演に驚き、ふだんは主演級の菅原・川口を眼光一つで威圧する貫禄はさすが。さまざまな暗黒街の大物をスクリーンに見てきたが、まさにランクがちがう。

＊

仮小屋でようやくひと息ついた長谷川は、そこにひっそりと住む野添は組の身代わりとして服役中の藤巻潤の妻で、夫の出所を待っていると聞きほだされるが、つい寝床に手を出し、親分はそんな人ではないと聞いていたと泣いて拒絶する姿に、オレもヤキがまわったと情けなくなるいい場面。

翌朝、雨の上がった川べりの陽光に生き返った気持ちになり、清純な野添に心を洗われる。娑に出れば何とでもなると思っていたが、情婦にも手下にも裏切られていると知り、伊豆下田に運んでくれる手下を探させる。そのもう終わりかなという頃トラック運転手で現れるのが勝新太郎で、今ごろ登場かと驚く。勝は巧みに捜査線を突破して途中で停まり「自分は子供が生まれる、もう危ない橋は渡れない」と運び役を下り、長谷川はピストルを向けられるが、「殺すならどうぞ、しかしあんたどうする?」と諭す。長谷川は自分の限界を悟り、すべての復讐のため縄張りにもどる。

京、菅原、川口、勝、の主演級スターをオール脇で出せるのは、ひとえに主演が長谷川一夫だからできることだ。自ら脚本を書き、豪華キャストを組み、大セットを建てて豪雨の夜景という面倒な撮影を強行。これは井上梅次念願の作品だったのではないか。みごとなフィルムノワールを発見した上映に拍手。

(シネマヴェーラ渋谷)

高峰秀子二十八歳の落ち着き

朝の波紋

一九五二（昭和二七）年　新東宝・スタヂオ・エイト・プロダクション　一〇三分
監督：五所平之助　原作：高見順　脚本：館岡謙之助　撮影：三浦光雄　音楽：斎藤一郎
美術：進藤誠吾　出演：高峰秀子　池部良　岡本克政　岡田英次　三宅邦子　瀧花久子
斎藤達雄　田中春男　中村是好　吉川満子　上原謙　香川京子
＊池部が高峰を誘うメニューインの音楽会切符は、当時来日した名ヴァイオリニスト、ユーディ・メニューインのこと。

小さな商社で働く高峰秀子は、戦後は女性もしっかり独立してやっていかなければという考えで、英語が達者で仕事も積極的だ。高峰の家で預かる健坊（岡本克政＝子役。好演）の母・三宅邦子は戦争未亡人で箱根の旅館で女中をしている。健坊の可愛がる黒犬が縁で出会った池部良は大手の商社に勤めていた。

犬のくわえて来た靴を健坊と返しに行った池部の家は華族の住むような大邸宅だが、空襲で廃屋となり、本人は庭の隅の小さな一軒家に暮らしていた。着物姿でお茶をたてていた池部は、自分は経済学をやりたいが英語も不得意なのに商社に勤めさせられ、父の名・一平太を継いだ二平太を、半人前の半平太と呼ばれてるんだと言い、その飾らない人柄に高峰は苦笑する。

出張の帰りに箱根に健坊の母を訪ねた高峰は、旅館に来ていたアメリカ人バイヤーから契約相手が現れないと聞き、その商談を引き受け、彼女に気のある同僚・岡田英次はここぞと手伝う。しかし肝心の輸出商品が間にあいそうになく、心配して出かけた神戸の下請け会社が、こちらが先約のはずなのに大手商社の圧力を受けているとわかり、それは池部の勤める会社で、高峰は池部に不信感をもつが、なんとか実現にこぎつけた。この成功で岡田は高峰に、結婚して独立しないかともちかける。

高峰は圧力に抗議する岡田とは対照的に、のん気に大学ボート部ＯＢの試合に張り切る池部に反発心をわかす。

池部は肺病の同僚・田中春男を思い、軍隊で知り合ったアメリカ人を通じて特効薬ストレプトマイシンの契約をとり、社長から「お前には初の上出来だ、望みを言え」と言われ「三つあります」と答える。一つはストレプトマイシンの行き渡る施設をつくる。二つは健坊が母と暮らせるよう箱根の旅館をやめさせ当社で事務に雇う。三つは、明日休ませてください。

健坊は自分を預かってくれている高峰の母に犬を捨てて来いと言われるが、どうしてもできず家出し、池部は会社を休んで健坊を探し、高峰もつきあう。神戸の一件は池部の陰のはからいで無事間にあったと下請け会社から教えられた高峰は、個人としての自立だけを目指してがんばる日々に懐疑を持ち始め、自分を捨てずに生き、まわりの人を大切にする池部にほっとするものを感じ始めていた。

＊

この作品の作られた戦後七年目の東京は、まだ至るところが焼跡で、池部の実家と設定された建物は、バルコニーやテラスのある大使館のような豪邸の天井が吹っ飛んでいる。ロケされた道筋は麻布のイタリア大使館脇の映画によく使われる坂道で、実際に廃墟化した大使館で撮影したのかもしれない。近くには焼跡の原っぱが広がり、さらに健坊を探して歩く浅草の隅田川沿いはバラックが並んでゴミ拾いの浮浪者が徘徊する。探し疲れて入った浅草の「どぜう金太郎」で、池部と高峰がどじょう鍋を間に座るシーンがいい。

当時の高峰は二八歳、何でもやらされた子役時代から続く自分のない日々と、険悪化していた養母との間から逃げるように日本を脱出、半年間パリに一人で下宿して自己をとりもどし、帰ってきての第一作。その一皮むけた大人の落着きが、まるでこの人物は本人そのものと言われた飄々たる池部を相手に現れ、身の丈に合った役は当時の自分を投影できていたのかもしれない。以降の「自分の知性を持った真の大女優」への歩みは、この心温まる小品から始まった。

健坊が見つかって帰る雑木林の道で池部は言う。「自分には婚約者がいたが、戦地から引き揚げると他人と結婚していた。それで女性に不信感を持った」。

高峰も「私にも好きな人がいましたが戦死しました。以来結婚は考えなくなりました」と告白する。

腰をおろした池部は続ける。「でも自分は最近、結婚してもいいと思う女性に出会い、浅草のどじょう屋でそれを言おうとしたが、邪魔が入ってしまった。こんな場所でいいかい？」

その言葉を聞いた高峰の顔が輝く。

戦争の影を誰もが持っていた焼跡の東京をしっかり写した監督・五所平之助は、戦後の出発は「心」にありというメッセージをこめた大好きな作品。


（シネマヴェーラ渋谷）

寄せ合う気持ちの、ずれと解決
この広い空のどこかに

一九五四（昭和二九）年　松竹　一〇九分
監督：小林正樹　脚本：楠田芳子・松山善太　撮影：森田俊保　音楽：木下忠司
出演：佐田啓二　久我美子　高峰秀子　石浜朗　内田良平　大木実　浦辺粂子　中北千枝子　田浦正巳　日守新一
＊♪不自由な足をすねたデコ様のつっけんどんや内面を垣間見せる演技のすばらしさ。それに頼った久我ちゃまのけなげさ、明朗な石浜朗、珍しい朴訥役の内田良平、中北千枝子の庶民性、そして大木実と、ちゃんと俳優王国映画にもなっています。

信州から来た久我美子は、川崎の小さな酒屋の長男・佐田啓二と恋愛結婚して家に入り、店番、戦争で夫を亡くした義母（浦辺粂子）、佐田の独身の妹（高峰秀子）、弟（石浜朗）の世話に忙しい。恋人に去られた高峰は戦争で脚を傷めて歩行不自由の障がいをもち「もう結婚はできない」とふてくされ、兄の若い嫁にも冷たい。大学生の石浜はのん気なちゃっかり屋だ。

終戦後のまだ恋愛結婚が珍しい頃、近所の「やはり仲がいいね」のやっかみや、食事の支度、それぞれの順番、すべて自分は後回しの嫁は気苦労が絶えないが、夫の優しさが頼りだ。高峰に縁談話が来たが相手はやはり障がいがあり、高峰はもう嫌と寝込む。

信州時代に久我と仲良しだった内田良平は、東京をあきらめて帰郷する前に久我に会っておきたく、そっと店を訪ねる。夜中に男が尋ねてきた久我は、家の者の興味を避けて外出する。その帰りが遅いので佐田は自転車で探しに出る。

高峰は友達の中北千枝子が、生活のため怪しげなキャバレー勤めをしているのをたいへんだなあと思っていたが、それをやめて工事現場で働き出した姿を町で見て、何もしないでいるわが身を反省する。

ある夜、中北から高峰に「子供の盲腸手術になんとか五万円貸してくれないか」と必死の電話がきた。大金に義母らは嘘ではないかと言うが、相談を受けた佐田は五万円入りの封筒を出し、妻の久我に「今から届けろ、お前も後ろに乗れ」と雨中にスクーターをとばす。「よくちょうど五万あったわね」と言う妻に佐田は「結婚してから何も買ってやれないお前にと、こっそり貯めといた金だが、なくなってしまった」と笑った。

昔、店を手伝っていた使用人の俊どん（大木実）が、静岡の田舎からいつもの土産を持って訪ねてきて、高峰の顔を見てから帰りたいと言うが、偏屈になっている高峰は避け、大木は「残念だな」と笑い、あっさり帰っていった。それを聞いた高峰は後を追うことを決心し、兄の佐田も応援する。

数ヶ月後高峰から来た手紙は、自分の居場所をみつけたとあった。佐田の奨めで母と弟はそこを訪ねに行く。佐田と久我は、結婚後はじめて家の中に二人だけの静かな夜を迎えた。

＊

今の人にはわからないかもしれないが、当時までの結婚はほとんど親が決め、嫁は嫁ぎ先の家に入り、姑（夫の両親）、小姑（夫のきょうだい）に嫁いびりされるのが当たり前だった。本作の最大の救いは、夫が妻に優しく、いつも味方するところだ。

故郷へ帰る内田を駅で見送った帰り、夜の道を二人で自転車を押しながら歩く佐田は「お前が苦労しているのは知っている、一つの家に大勢がいれば必ず問題がおきる、それは一つ一つ解決するよりない」と説き「もしこの家を出てゆくのなら俺もそうする」とはっきり口に出し、久我は彼の腕にすがりつく。男はこうでなくちゃいけない。

その通り、一家に根本的な意地悪は誰もいないがそれぞれの立場はよくわかり、また耐える久我もよくわかる。最も問題は高峰だが、みるからに安心な俊どん（この大木実の登場のさわやかさよ）に自分の幸せを見出す結末は本当にうれしい。デコ様、よかったね！

その大黒柱になる佐田啓二のすばらしさ。二枚目佐田はメロドラマだけでなく、小林正樹『あなた買います』の強引なスカウト、中村登『顔役』の腹黒選挙参謀、川頭義郎『涙』の妹思いの土方の兄の一本気な男らしさ、野村芳太郎『モダン道中　その恋待ったなし』の間抜けなコメディリリーフなどなど、その芸域はまことに広く、すべてに清潔な人間味はまさに大スターだ。

誰かこの人の本を書いてくれ。

監督：小林正樹は、松竹で木下惠介につき、監督昇進後第四作のこれは、脚本：楠田芳子（木下の妹）、音楽：木下忠司（弟）と木下組に固められた松竹ホームドラマの典型を素直に撮ってまことに気持ちがよい。

小林はその後、『人間の條件』五部作、『切腹』『怪談』『上意討ち』など重厚な大作に突き進むが、その前に作られた佳編。私はこっちの方が好き。

（シネマヴェーラ渋谷）

わびしい北国の冬のカウンター酒場

泣き濡れた春の女よ

一九三三（昭和八）年　松竹キネマ　九六分
監督：清水宏　原作：本間俊　脚色：陶山密　撮影：佐々木太郎　美術：脇田世根一
出演：大日方傳　大山健二　小倉繁　岡田嘉子　千早晶子　村瀬幸子　市村美津子（子役）
＊♪おちた女の行きつく先は　雪の舞いふる港町……。トーキーを意識してテーマ曲「春の女の唄」がうまく狂言回しに使われる。

北海道にわたる船に大日方傳、小倉繁ら流れ者の坑夫一団がいた。坑夫頭・大山健二は軍隊式に点呼をとる。同じ船に流れ女・お浜（岡田嘉子）が連れる女たちもいた。船は雪山を見る港に入る。坑夫らは炭坑飯場へ向い、お浜は坑夫を客とする酒場をひらいた。

手だれ美人のお浜は、男前の大日方に目をつけるが、大日方は薄幸そうなお藤（千早晶子）に声をかける。一方、淋しそうにしているお浜の連れ子の幼い女の子に目をかけ、遊んでやる。単純な性格の大山はお浜に言い寄るが相手にされない。大日方の相棒・小倉はお藤に惹かれるが身を引く。

大日方をはさんだお浜とお藤は恋仇のようになって女給たちの興味をそそり、大山も大日方が憎らしくなってくる。ある日、炭坑落盤で小倉は死に、それを無視する大山と大日方は喧嘩になり、大日方はナイフで刺されて大怪我を負い、お藤にかくまわれる。大日方の気持がお藤にあることを悟ったお浜は、つけまわす大山をうまく誘っておいて、大日方とお藤の二人を本土に帰る夜の連絡船に乗せ、雪の窓から見送る。

＊

昭和八年、清水宏監督の八十六本目の作品で初のトーキーというからかなり古いが、映像はわりあいきれいで、音も一部に画面とズレがあるものの良好だ。

清水らしいというか、当時の映画はというか、話を込み入らせず場面を重ねてゆく古典性が、画調を楽しみながら安心して見てゆける。

注目は酒場の洋風セットだ。長いスタンディングカウンターの後ろはバー風に何段も洋酒が並び、木のフロアはテーブルがわりに大きなウイスキー樽を置いて、小さなグラスにボトルから注ぐ。奥の木階段を上がった二階は扉が何室も並び、みなベッドに机の洋間で履物は脱がない。この設定は西部劇映画のサルーンと同じで、二階が女給と二人になるための部屋なのも同じだ。この当時にアメリカでは西部劇が作られ、こういうお決まりのサルーンがもう登場していたのだろうか、それが日本でも上映されたのだろうか。

清水は『港の日本娘』（一九三三）『恋も忘れて』（一九三七）など舞台や人物を洋風に描くの

も好きだった。男三人がカウンターに寄り立ち、お浜の気をひくショット。グラスを手に女給に振り向いて話すショットなどは西部劇の基本の構図だが、岡田嘉子ら女給がみな着物姿なのがまたいい雰囲気。どこか日本離れした北海道の地がこの設定を無理なくさせる。『隣の八重ちゃん』（一九三四）など純朴青年がイメージの大日方傳がここではゲーリー・クーパーのように男らしく、また大柄な洋風美人・岡田嘉子もカウンターが似合い、どちらかといえばヴァンプ風仇役なのも西部劇的だ。

私にはひいきの大山健二がうれしい。清水組の常連で『花形選手』（一九三七）の応援団長など、太った体でのんき気な役柄は出ているだけでうれしくなる。ここでは人は良いがすこし間抜けで、女のことにムキになる堂々の楽しい準主役だ。

子供好きの清水は子役の使い方はやはりうまい。自分の部屋にわが子を入れず、いつも一人別室で人形と寝させる岡田は、大日方に「母親らしくしてやれよ」とやんわり叱言され、はじめて自分の寝床に子を呼び、また翌日「おかあちゃん、きょうもいっしょに寝てくれるの？」と言う子を抱きしめる場面は、男好きのする手だれの流れ女に真心があったと泣かせる。

これを見るのは二度目。清水作品は、物語の内容はわかっていても二度目、三度目でより感銘が深まるのは映画芸術の本質があるからだ。どこかで残存全作回顧上映をしてくれないか。

（ラピュタ阿佐ヶ谷）

心が洗われるとは、このこと

みかへりの塔

一九四一（昭和一六）年　松竹　一一一分

監督・脚本：清水宏　原作：熊野隆治・豊島與志雄　撮影：猪飼助太郎　音楽：伊藤宣二

出演：笠智衆　三宅邦子　横山準（子役）　野村有為子（子役）　奈良真養　坂本武　大山健二　吉川満子

＊爆弾小僧改め横山準、奈良真養、坂本武、大山健二、吉川満子、近衛敏明ら清水宏作品おなじみの面々がうれしい。

放浪、盗癖、寝小便、嘘つき、勉強嫌い、学校や親から捨てられた、知能も性癖も欠陥のある特殊児童ばかりを二〇〇名あずかる山間の更生学園では、いくつかの家に分宿して、それぞれ教師と保母を「お父さん」「お母さん」と呼んで共同生活し、行儀や職業指導を受け、やがて卒園してゆく。

多くの子は自分のことは自分でして、仲間と働き、就寝前には「父母」に正座して「お寝みなさい」を言う。母がなくわがままいっぱいに育った多美子は、持て余した父・坂本武に連れられここに預けられるが、食事がまずいと言って食べず、自分のことも、炊事当番もせず、嫌う女子に靴を盗まれる。「お母さん」の三宅邦子先生は喧嘩を仲裁したり懸命に尽くすが反抗は消えず、すっかり自信を失くして落ち込むが、笠智衆先生は三宅を「これは一生かかる仕事、気長に辛抱強く」と諭す。

集団で逃げ出す子らを探すのも大きな仕事だ。常習の一人はある日逃げる途中で学園の「みかへりの塔」の鐘音を聞き、ためらって帰ってくるが、先生は叱らなかった。

卒業して働いている成長した岡本が学園を訪ねてきて学園長らは喜んで迎えたが、実際は学園出身であることへの世間の冷たい目に耐え切れず逃げ帰ってきたのだった。彼はそのまま残って共同生活にもどる。

学園唯一の井戸は水の出がわるく、争いや不衛生のもととなっていた。学園長は上流の川から水を引く水路を造ろうと提案し、先生も生徒も一体となって働いた。女生徒が桶で運んでくる飲み水を喉が渇いている皆は争って飲み、またスコップを持った。自分たちで始めた難工事は学園を一体にさせ、完成した水路に流れゆく水を誰もが、ばんざい、ばんざいと追った。

成長が認められた者の卒園の日が来た。一人一人が「みかへりの塔」に向かって誓いの言葉を言う。岡本は「自分は根気が足りませんでした、これからは……」。多美子は「私はわがままでした、でもここで……」と読み上げ、迎えに来た父は涙をぬぐった。

鐘の音を背に出てゆく卒園生を、在園生が「さようなら、さようなら」とどこまでも送るのを、笠先生、三宅先生は満足そうに見ていた。

＊

清水宏は『風の中の子供』（一九三八）『子供の四季』（三九）の後、特殊児童二〇〇名を家庭的に育てている大阪の修徳学院を知り、モデルにしてこれを作った。「演技する子供」を嫌った演出はまことに自然で、いろんなエピソードをあまり追及せず、淡々と重ねてゆく。

子供たちの日々の集団生活、布団を敷く、着替える、起床と就寝の挨拶をする、交替で炊事する、文句を言う、喧嘩をする、さぼる、告げ口する、先生に叱られる、そんな子供たちを見ているだけが飽きないのは、清水の子供好きの目があるからだ。それまでの子供が狂言回しになる作った物語から、ここでは大勢の子供の生活の自然なドキュメンタリータッチに発展した。「問題児の教育法」などと構えず、「なに、みんなで生活してれば自然に直るよ」という温かく信じる視点が、本当にそうだなあ、ヘタな教育なんかいらないなと安心感になってゆく心地よさ。そうしている笠智衆、三宅邦子はまさにはまり役だ。

川が流れ、山の起伏が映画的な舞台になり、二〇〇人はいるであろう子供たちがいっせいに駆けてゆくモブシーンは宝物のようにすばらしい。

（ラピュタ阿佐ヶ谷）

終戦後の風景を描いた最高傑作

蜂の巣の子供たち

一九四八（昭和二三）年　蜂の巣映画部　八四分
製作・脚本・監督：清水宏　撮影：古山三郎　音楽：伊藤宣二
出演：島村俊作（復員者＝役名・島村修作）　夏木雅子（引揚者＝役名・夏木弓子）
御庄正一（片足の男）　岩本豊・千葉義勝・久保田晋一郎ら蜂の巣の子供たち
＊冒頭まず字幕「この子たちを知りませんか」で出演の子らの親を探して呼びかける。

復員で下関駅に着いた島村は身寄りがなく、奈良にある自分の出身孤児院「みかへりの塔」へ歩いて帰ることにした。腹を空かせた浮浪児にパンを分けると、その子は仲間に持ってゆく。その浮浪児八人は片足の男の手下でかっぱらいや盗みで生きていた。

島村は子供らを連れ、島の知り合いを頼ってゆく引揚げ者の女性・夏木もまじり、身寄りのない同士が、薪割りや、力仕事を手伝ってトラックに乗せてもらったりして山陽道を行く。子供らは島村になつき、働いてお金をもらうことを覚える。片足の男も結局は子供を頼っていたので見え隠れについてくる。

引揚げ船の沈没で母を亡くしたと聞いている義坊は、母が海にいると信じ、広島の海が見たいと年長の豊におんぶされた山の頂上で息をひきとる。そこに墓を建ててやった一行は神戸に着いた。島村は、故郷の島へ渡るため途中で別れた夏木が、波止場で夜の女に落ちそうになっているのをみつけ、それをあやつる片足男を殴り倒すが、義足を吹き飛ばされて立ち上がれないでいるのに手を貸す。夏木は子供たちを見て我が身を恥じるように泣いた。

奈良に着くと、出身者の島村を迎えようと恩師や子供たちが大勢で迎え走ってきた。浮浪児七人、身寄りのない夏木、改心した片足男も、ここで生きてゆくと決心する。

＊

戦後、清水宏は自分の持つ伊豆の山で「蜂の巣」と名づけて身寄りのない子を引き取り一緒に生活して育てていた。知り合った復員者が、「みかへりの塔」の学園の出身であると知り、彼と「蜂の巣」の子供を使い、「蜂の巣映画」としてオールロケで自主製作した実話である。

終戦後まだ三年。廃墟の国土をロケした映画はロベルト・ロッセリーニらのイタリアンリアリズムと全く同じ。また映画会社を離れた自由な立場で、完全台本なしに即興的に撮ってゆく手法はゴダールらフランス、ヌーヴェルヴァーグの遥かなる先駆という清水宏の評価は定まっている。

その通りとしたうえで、より高い映画性を感じるのは、画面の本物の自然さだ。汚い浮浪児もそれだから本物で、荒廃した戦後の目の前の現実が面白く、「お涙頂戴」はもとより「社会告発」などは毛頭考えずに、映画を撮ることだけを楽しんでいるのが比類のない純粋映画となって

いる。まさに〈ジャン・ヴィゴとトリュフォーの間に、清水宏がいる〉(『映画読本　清水宏』フィルムアート社より)

全員が、俳優ではない現実の本人であることに最大価値がある。復員して熱海で駅員をする島村俊作、熱海のデパートの店員で撮影では記録係もした夏木雅子、片足男の御庄正一も不良をしていて清水と知り合った。

子供も映画を作るつもりで集めたのではないから顔つきもいろいろで、主に演ずる岩本豊は鼻も口も曲がった田舎顔が、こましゃくれた「子役」とは全くちがう素朴さがすばらしく、衣装担当では到底つくりだせない本物の壮烈なボロ服がいい。もちろん演技はできなく、台詞はオールアフレコの棒読みなのに、俳優では絶対に出せない真実が写っているのは、プロ俳優自身が見ればよくわかるだろう。

これが単なるドキュメンタリー映画とは違う高い芸術性をもっているのは、作り物を嫌った実写にもとづく即興的撮影時の映画感性の鋭さゆえだ。つねに流動するキャメラワークがそれだ。

船で島へ渡る夏木についていってしまった義坊が島村に帰される丘の墓場の精密なカメラポジション変化。波止場で夏木をみつけたときの、荒っぽい場面は写さない描き方と救い。エピソードを追及し過ぎず淡々と重ねる話法、ときにみせる叙情的画面は清水の真骨頂で、それが荒廃した現実を素材に一層冴えわたる。強調した「暗さ」も、無理やりの「明るさ」も全くない。

子供は「演技する子供のいやらしさ」と対極で、太ったおとっつあん(清水)が「右向いて走れと言ったからそうしただけ」の本当のリアリズムが、「映画に心理描写や演技なんていらないなあ、うまい台詞まわしなんて意味ないなあ」とつくづく思わせる。

さらに映画史的に重要なのは、この時代をロードムービーで写した記録映像だ。人物をロングショットで風景に溶け込ませるのは清水の十八番だが、それが戦後の荒廃した風景であることがじつに貴重だ。山口の錦帯橋を歩いてくる復員服とぼろぼろ服の子供たちはそれだけで、からくも残った日本の文化と敗戦の現実を雄弁に描く。

昭和二一年生まれの私には、タイトルに出る役名〈復員兵、引揚者、浮浪児〉は身近な現実だった。荒廃した国土と人々を淡々と写しながら、〝蜂の巣　蜂の巣　ぶんぶんぶん〟と子らが歌う明るい主題歌とともに大きな根源的救いを感じさせる。こんな映画は他にない。まさに清水宏は天才だ。

（ラピュタ阿佐ヶ谷）

清水宏の自然主義

その後の蜂の巣の子供たち

一九五一（昭和二六）年　新東宝・蜂の巣　九四分
製作・脚本・監督：清水宏　撮影：古山三郎　音楽：伊藤宣二
出演：岩本豊・千葉義勝・久保田晋一郎ら蜂の巣の子供たち　大庭勝　御庄正一　田島エイ子　日守節子　原田三夫　熱海市長
＊前作で使われた、子供が歌う主題歌「蜂の巣　蜂の巣　ぶんぶんぶん」がここでも最後に流れる嬉しさよ。

伊豆の山麓で、子供たちが自給自足の共同生活をする「蜂の巣」に婦人記者が取材に来た。親代りの大庭勝（『蜂の巣の子供たち』の島村俊作）は、注目されたくないと有り難迷惑に感じるが、雑誌に記事が発表されると案の定反響があった。

東京から夏休みを利用してボランティアに来た女子大生二人は率先して食事を作るが、担当の当番は自分の仕事をとられておもしろくなく、ある女の子は「いらない」と布団にもぐり込む。食後に出したコーヒーは寝小便のもとになり、大庭は「やめてくれ」と言う。二人は「かわいくないわねえ」と帰ってしまい、結局は彼女らの自己満足だった。

蜂の巣の先生と子供は自分たちで勉強教室を作り始め、当時子供向けの科学の本を書いていた原田三夫に来てもらったり、熱海市長はアヒルの子を持ってきて池に放って喜ばせ、教室建設を手伝って帰る。入所させてくれとやってきた、もういい歳の青年は、放っておくと黙々と開墾を始める。

子供の一人・晋一郎の昔の仲間が二人やってきたが、遊んで暮らせると思っていたのが毎日働かなければならないとわかり、子らのものを盗んで逃げる。責任を感じた晋一郎は大阪や東京まで探しに行って連れ帰る。やがて完成した教室に子供たちの声が響いた。

＊

清水宏は、自主映画『蜂の巣の子供たち』を撮ったあと、自らの場所でこの続編を作った。いわば「放浪編」から「定住編」だ。映画『蜂の巣の子供たち』を見てやってきた女子大生は、そこに出ていた義坊を見て「あんた死んだと思っていたわ」と言うと、義坊はケロリと「目をつぶってじっとしてろと言われてそうしてたら、死んだことになっていた」と言う。清水は前作との整合性には無頓着だ。

ドラマチックな物語はなく、子供たちの生活をスケッチ風に描く。後釜で入ってきた年長の女の子は、炊事を自分の仕事とする豊に、手伝ってやると口出しして、豊が抗議すると「やるか」とけんか腰になり豊は後ずさりするが、二人は仲良しになる。子供は自分の仕事をとられるのを嫌がるが、やがて一緒にする楽しさにも目覚めてゆく。

畑を荒らす狸を生け捕りする場面は、それをする子供たちの生き生きした表情がいい。狸が捕まろうが、そうでなかろうが、どっちでもよい撮り方だ。雨の日も休まず一人で開墾を続ける青年を番傘片手に見ていた子供三人が、次々にカッパを羽織って手伝う台詞のない場面は清水らしい叙情がみずみずしい。

山の中の牧歌的作品と見ていたのが、泥棒した仲間を探す晋一郎が、大阪道頓堀や東京の新宿、銀座をボロ服で歩く都会場面が写って驚く。銀座四丁目交差点ではアメリカ兵とすれちがい、「そのころ都会では」の対比が鮮烈だ。晋一郎を探しにきた大庭は、大阪の町外れで『蜂の巣の子供たち』の時の片足男（御庄正一）に再会し「まだこんなこと（その日暮らし）してるのか」と言って頭をかかせるのも、「今回も出ろよ」程度の自在さだ。清水の自然主義映画はますます深まってゆく。

（ラピュタ阿佐ヶ谷）

世界映画史に記される不滅の作品

大佛さまと子供たち

一九五二（昭和二七）年　蜂の巣　一〇二分
監督・脚本：清水宏　撮影：古山三郎　音楽：伊藤宣二　出演：岩本豊・千葉義勝・久保田晋一郎ら蜂の巣の子供たち　日守由禧子　宮内義治　歌川マユミ
＊清水には短編記録映画「奈良には古き仏たち」（五三年）もあり、古代再現も入れた佳作。

戦災孤児の豊と義勝は仲良しで、寺の小坊主になった晋一郎に台詞を教わって寺の観光案内の手伝いで生活している。友達は観光バスガイドの日守由禧子と、奈良に勉強に来ている万年落選画家の宮内義治だ。

日本を訪ねて来た二世の歌川マユミは豊と義勝を感心に思い、自家用車で若草山に連れ、お昼を分けてやる。豊の仲間二人がその間に自家用車から財布を盗んだのを知った豊は二人を探し回って取り戻して歌川に返し、お礼の品をいっぱいもらう。

義勝は古美術店に飾る子供の仏像が好きでいつも見ていたが売れてしまい、買った家を聞いて、床の間に飾られたのを見ていると、そこの婦人が声をかけた。

「ほしければあげるわよ。でも私もほしいものがあるの、それは坊や」

婦人は亡くした子の身代わりに仏像を買ったのだが、同じ年ごろの義勝がそれに心ひかれるのを見て、親代りに引きとろうと思ったのだが、義勝は黙って駆け逃げた。

義勝はそのことを友だちの豊に「でも、行かない」と言い、豊は安心するが、隣りで昼寝していた落選画家の宮内は「もらってくれる人がいれば、行った方がいいんじゃないか」とつぶやく。黙り込む義勝に豊は義勝の本心を察する。

義勝がもらわれてゆき一人になった豊は、今日もメモを手に夕方のNHK放送「尋ね人」を聞いて親の連絡を待った。

ある日宮内を訪ねると東京へ引き上げる支度をしていた。とぼとぼと去る豊を見ていられなくなった宮内は、「どうだ、オレと来ないか」と声をかけた。蜂の巣三部作でつねに浮浪児あがりの主人公だった豊にも落ち着く家ができたのだ。

奈良を去る前、豊と晋一郎は念願の大仏の掌で一緒に眠った。それはまさに仏の掌に抱かれることだった。

＊

戦時中映画を撮らなかった清水宏は、奈良の仏像を見て回っていた。その仏像への愛着と「蜂の巣」の子供たちのその後を合わせてこれを製作した。

トップシーン、東大寺南大門の大戸が左右に開くと大仏殿の全景になり、屋根から下までじっくりと写す。中に入ると見下ろしのキャメラで、豊が暗唱した解説案内を棒読みしている。そこから始まり、境内や別棟の見どころをじっくりついてゆく悠々たる出だしは、素直に東大寺の見学になる。映し出される興福寺などの仏像や菩薩、日光、月光、無著、世親、十二神将などは光を考えた最適のアングルで、全身やアップを丹念に写し、かつて奈良のそれらをじっくり見てまわった私は美術映画のように楽しんだ。清水は「子供の描写は凝らなくてよいが、仏像は丁寧に」と力を入れたそうだ。

とりわけ、万年落選画家・宮内に「これを見ていると、自分の力など何もないと知らされる」と聞いた豊が、一人で戒壇院四天王を見に行く場面は、憤怒の形相などをアップで重ね、動かぬ像に心の演技を込めているようだ。

物語はあっさりしたものだが、戦時に行方不明になった親や子を探すラジオ番組の「尋ね人の時間です」の声がしっかり耳に残る私には、切々とした気持ちがわく。

ロングショットに遠く人物、子供を置いて風景に同化させる清水得意の絵づくりは、いつもの野山ではなく、古都奈良の古い辻塀や通りであるのがまたいい。捨てられている野仏の脇に座る浮浪児を、清水は両者は同じと意識したのだろうか。子供を育て解放するのは野山であり、こういう歴史の里であるという感懐もわいてくる。

その中、若草山で歌川らと一緒になった夫婦が「出征前夜に結婚式だけあげて外地に行かされ、十年後に幸い生きて戻って、こうして夫婦の新婚旅行をしている」と話すとき、そっととり出して置いた、日本に生きて帰りたいと言って死んだ戦友の位牌を見た歌川が立ち上がり、野花を摘んで供えるショットが印象深い。こういうところの清水のうまさ。

最後に豊が東京にもらわれてゆく結末にほっとする。彼はその後どう生きたのだろう。幸い私は浮浪児にはならなかったが、いつそうなってもおかしくない時代に育ったのだ。

＊

清水は戦前に、いずれも子供を主人公にした『風の中の子供』（一九三八）、『子供の四季』（三九）、『みかへりの塔』（四一）、『団栗と椎の実』（四一）を撮った。

戦後は身寄りのない戦災孤児を引き取って育て、彼らを出演させた『蜂の巣の子供たち』（四八）、『その後の蜂の巣の子供たち』（五一）、『大佛さまと子供たち』（五二）の蜂の巣三部作を撮った。出演を続けた一人は成長して引き取られていった。

フランス、ヌーヴェルヴァーグの旗手、フランソワ・トリュフォーは一九五九年、長編処女作『大人は判ってくれない』で主演したジャン＝ピエール・レオを、彼の成長とともに五部作にまとめた。清水はその先達であり、しかも現実を反映している。セミドキュメンタリーの手法で詩情をたたえたこれらは、世界映画史に記される不滅の成長映画と言えるだろう。

（ラピュタ阿佐ヶ谷）

心に染み入るラストシーン

母のおもかげ

一九五九（昭和三四）年　大映　八九分

監督：清水宏　脚本：外山凡平　撮影：石田博　音楽：古関裕而　美術：仲美喜雄

出演：根上淳　淡島千景　毛利充宏（子役）　見明凡太朗　安本幸代　村田知栄子　清川玉枝　大山健二

＊小学校担任に呼ばれた淡島千景がおずおずと校舎に入ると、音楽室から唱歌「灯台守」の合唱が聞こえてくる。

小学生の男の子・道夫をかかえて妻と死別した根上淳は、同じく幼い女の子をかかえて夫と死別した淡島千景と、仲人好きの叔父に奨められて結婚する。互いに再婚の子持ち夫婦は正直に気が合って、女の子も新しい父や兄によくなつくが、道夫は自分の生母が忘れられず、新しい母になじまないで、まわりを困らせる。

荒っぽい言動や、意表をつく事件や、飛び抜けた善人や、幸福な偶然などは何もなく、平凡な生活の人情だけで心配事を描く本作が、なぜこれほどすばらしいのだろうか。

清水宏は生き生きした子供映画の名作をいくつも作り、自らも施設を作って孤児を育て映画を撮影した。泣いたり叫んだり闘ったりの大げさな演技を嫌い、人が自然に溶け込んだ画面を好み、飄逸なユーモアはあれど、そこにある淋しい心情を描く作風、表現方法は日本映画の特質を最も表していると、かねがね私は書いてきた。

最後の作品となった本作は、主人公の男の子の気持ちから離れることなく、淡々とした画面ながらも見る者の心をひきつけてやまない。子供もおとなしい性格として絵に描いたような反抗はせず、また生母への回想を安易に使わず、口では「(新しい母は) やさしくしてくれてうれしい」と言うだけに、なおさら心にあるものが浮かび上がる。

淡島は学校給食室で働き、根上は隅田川水上バスの運転手、向かいの叔父さんは豆腐屋、おばさんは人形作りの内職と、庶民の暮しに親愛感がわくため、いっそうこの問題が身近になる。

自分に自信を失い、しばらく親戚に帰ると淋しく決めた淡島に、子供の気持ちもよくわかる、もちろん淡島の気持ちもわかると、解決のつかない問題にまわりも黙り込むしかなく、すっかり感情移入した我々も言葉がない。幼い女の子と風呂敷包みで肩を落として歩く夜道の、母子のせつなさに胸が張り裂けるようだ。しかし、そこに大きな、これ以上ない救いが現れる。

一見平凡な母ものに見える清水の遺作は、これほど心に染み入る映画だった。見終えた私のハンカチはぐっしょり濡れていた。名作。

(神保町シアター)

「レ・ミゼラブル」を大河内傳次郎で

巨人傳

一九三八（昭和一三）年　東宝映画　一二七分
監督・脚本：伊丹万作　原作：ビクトル・ユーゴー　撮影：安本淳　美術：北猛夫
音楽：飯田信夫　出演：大河内傳次郎　原節子　丸山定夫　堤眞佐子　佐山亮　小杉義男
清川虹子　汐見洋　御橋公　英百合子　綿谷寛　滝沢修
＊役者はすべて適役。というか監督の俳優造形のうまさだろう。伊丹万作のあまり語られていない『気まぐれ冠者』『権左と助十』『故郷』については小著『シネマ大吟醸』（小学館文庫）をご参照ください。

九州のある町で、多大な社会貢献により推されて市長になった大河内傳次郎が挨拶している。聞いている市民の一人は「どこの馬の骨」かわからん奴と陰口を言う。警官・丸山定夫は市長をどこかで見た気がするが思い出せない。

火事に駆けつけると火の手は二階にまわり、助けを求める男は鉄格子で出られず、大河内ははしごをかけさせて上がり、怪力で鉄棒を曲げて救い出したのは陰口を言った男で、涙で感謝する。

警官・丸山はそれをじっと見ている。

　夜の執務室に戻った大河内は一本の燭台を見て回想する。

　彼はニワトリを一羽盗んだだけの罪で島流しになり、脱走を繰りかえして刑も長期になっていた。ある嵐の夜、そのころの監視人・丸山の目をかすめて怪力で鎖をはずし、舟で島脱けに成功する。本土に戻ったが怪しい格好は気味悪がられ、困り果てて寺に入ると、和尚は何も言わず食事も寝床も与えた。しかし大河内は深夜、高価そうな燭台を盗んでゆく。それも捕まり寺に連行されるが、和尚は「これは与えたものだ」と警官を帰し、対になるもう一本も差し出して「自分の本当の心を大切にせよ」と諭す。とぼとぼ行く道に子供が落として探している金を見つけ、踏んで隠していたが、やがてたまらず返そうと追っても子供はもう見えなかった。大河内は道端に燭台を置いてひざまずき、わが心を恥じて号泣する。そんな過去があった。

　視察に行った警察の牢で「私は何もしていない」と訴える不幸な病気女を入院させてやると、自分には幼い一人娘がいて、ある所に預けてあるのが生き甲斐だと聞かされる。

　つきまとう丸山は市長が島脱けの本人と確信したが、犯人を名乗る人物が捕まって裁判にかけられると知り、疑ったことを詫びる。そのままにしておけば大河内の過去は消える。しかし大河内は裁判所に出向き「自分が本人、その人は無実」と告白して鉄棒を曲げて見せ、丸山はやっぱりと縄をかける。再び島送りになったが舟は難破、囚人らは死んだと報告された。

　数年後。ある町で大河内は困った人を助ける金持ち篤志家となっていた。強靭な彼は難破した舟から一人逃げのびていたのだ。かつて入院させた女はすでに亡く、娘を探し出すと、強欲夫婦（小杉義男・清川虹子）に虐げられており、大金で引き取る。

娘は大河内のもとで目も醒めるお嬢様（原節子）となった。雇った英語の家庭教師・佐山亮はりりしく、互いに心を寄せてゆく。しかしここにも丸山の目がちらつき、黙ってまた引っ越しを余儀なくされる。佐山は父代わりの祖父・滝沢修に原との結婚を願い出るが身分が合わないと拒否され、では勝手にしますと席を立つ。

おりしも西南戦争が勃発。佐山は原を呼び出して別れを告げ、同志と戦線に立つが撃たれ瀕死、大河内は一人で銃下を抜け道をかいくぐって佐山を担いで戻り、原に預ける。

後日、大河内は滝沢をうまく丸めこみ「老人は引っ込みましょう、若い者は若い者同士ですな、ははは」と縁談をむすばせる。

＊

伊丹万作の現存作品は少ないが、諧謔の洗練をきわめた『赤西蠣太』、ナンセンス時代劇の極北『気まぐれ冠者』、軽快なルビッチ・タッチの『権左と助十』、真情あふるる『故郷』などは、知性とユーモア、卓抜な脚本演出で比較する人のない映画監督だ。その最後の作、ビクトル・ユーゴー作『レ・ミゼラブル（ああ無情）』を翻案した『巨人傳』はあまり語られておらず、私には幻の作品だったのをようやく見られた。

後半の主人公はどこで得たかはわからないが、森に莫大な金を埋め隠し、それをもとに並外れた怪力と良心による善行は、言葉は少なくても威圧をそなえる。強欲夫婦にさらに金をせびられ、縄で縛られて無頼に囲まれても、ここまでと判断するとおもむろに縄をぶっ切り、「やめなさい」と一喝して出て行き、無頼たちは手も出せない。

雛人形にあこがれる幼い娘は、重い手桶で一歩一歩水運びをさせられていた。その手元に大河内の手がすっとのびて桶を持ってやる画面のうれしさ。戦争で敵方に捕らわれた丸山は、現れた大河内に「さぞうれしいだろう」と最後の悪態をつくが縄を切って助けられ、執念でつけ回してきた男に救われたことにへなへなと座り込む。りりしい佐山を慕う町娘・堤眞佐子は懸命に尽くすが、競争相手がお嬢様の原節子と知り、これは負けたと思い知ってなお二人のために陰の力となるサブエピソードもいい。

前科で追われる身でありながら、不法らしき資金をもとに贖罪的行動をつらぬく影のある聖人に、次第に『巨人傳』という題名が理解されてくる。かすれ声の大河内の大きな器量は全く適役だ。大ドラマの劇的終わり方ではない、軽い茶飲み話での締めくくりは伊丹らしいかもしれない。

ユーモアもナンセンスも、超名作『無法松の一生』（脚本のみ／監督は盟友稲垣浩）もある伊丹のこれは、スペクタクルもドラマチックも備えた、たいへん映画らしい映画だった。すごく良かった。

（神保町シアター）

大人となった吉永小百合の恋

時雨の記

一九九八（平成一〇）年　東映　一一六分
監督：澤井信一郎　原作：中里恒子　脚本：伊藤亮二・澤井信一郎　撮影：木村大作
美術：桑名忠之　音楽：久石譲　出演：吉永小百合　渡哲也　林隆三　佐藤友美　原田龍二
佐藤允　前田吟

＊遅れている大阪の建設現場に出向いた渡がひざ詰めで話す叩き上げの現場監督が佐藤允なのがうれしい。「ちか頃は納期、納期ばかりで昔のような丁寧な仕事は誰もやらせねえ」「わかります、ぼくも若い頃は同じでした」。そうしてやがて「よし、やるか」と立ち上がらせる。年賀状を書く吉永の筆を渡が借りて、定家の歌をさらさらと書き「歌はいいが、字は下手」と笑って丸める紙を吉永が奪い取り、しわを伸ばして大切にする。いろんな細かいエピソードの脚本、演出、すべて完璧です。

大手建設会社の専務・渡哲也（設定五十六歳）は、ホテルのパーティーの花を活けている吉永小百合（四十八歳）を見る。それは二十年前、ある葬式で見かけてつよく心に残っていた女性だった。

少年のように純粋な行動力のある渡は翌日、聞いた鎌倉の吉永の家を訪ねる。ずいぶん前に夫を亡くし、子もないまま生花教授でひっそりと生きていた吉永は、いきなり来た渡にとまどうが、「これうまいんですよ」と天ぷらを持参した率直さに正直なものを感じ、それをたいらげ、「こんど揚げたてを食べに行きましょう」と言われて苦笑する。

渡には妻子があり、長男は恋人と結婚準備中だ。建設会社の事業は拡大して仕事は忙しく、年齢的にはそろそろ仕上げだなと意識しつつも充実した日々を送っていた。

渡は出張先の大阪で、大学以来の親友・林隆三と一杯やる。昭和天皇の病状を伝えるテレビニュースから目を移した渡は、「じつは好きな女性ができた、今後の人生はその人と暮したい」と告白し、林は絶句。「本気か?」と問うが、にっこり笑う顔に何も言えなくなる。渡も林も、高度経済成長を懸命に働いて社会的地位を得た成功者だった。

渡は時間をみつけては吉永を訪ね、ゆっくり食事をしてゆくまでになったが、遅くなればきちんと帰り、信用を得てゆく。あるとき茶目っ気半分でキスされ慌てたが、かえって何かひとつ気持ちが楽になる気がした。キスした渡はそれきり吉永の蔵書を読みふけり、藤原定家や西行法師を教えられる。

渡の京都出張に誘われて錦秋の奈良に向い、西行法師が晩年に庵をかまえた地に、渡は自分も庵を建てて一人で住むつもりだと話し、専門家らしく目で測量したりする。しかし渡は突発性狭心症をかかえており、発作には即ニトログリセリンを飲まねばならず常時携行していた。ある日それが起きて入院。見舞いに行った吉永は渡の家族と出合い、「仕事で世話になっている」と紹介されてすぐ去る。

出張先のスペイン、グラナダで一人歩いているときも発作がおきたが危うくおさめ、渡は後半生に追いかけられた気持ちになった。

ある夜、書斎で庵の設計図を書いていると、妻・佐藤友美が来た。渡は鉛筆を置き「間もなく会社を辞め、その後は小さな家を建て一人で暮す。家族の面倒はもちろん続けてゆく」と静かに話し、妻は吉永を思い出すが、それには触れなかった。

吉永の生花の師・岩崎加根子から、京都に華道学院を開くが数年後からはまかせたいと言われ、鎌倉を引き払い京都に行く決心をする。渡が庵を作ったのならば一緒に暮す決心はもはやできていた。

年があらたまった夜、吉永宅に立ち寄った渡は発作をおこし、そのまま救急車で運ばれたが命絶えた。知り合って五ヶ月後だった。

密葬を終え、鎌倉の家に挨拶に来た妻と長男の前に喪服の吉永は座る。

＊

なんという美しい物語だろうか。日本映画の定番として見慣れた感のある、古都鎌倉や京都を舞台にした大人の恋愛映画を定型通りに作るにあたり、日本映画界で最も手堅い腕をもつ監督・

澤井信一郎は、昭和天皇崩御の経過速報を折り込んで、昭和を働きづめできた男が、残された後半生を、本当に自分のために生きたいという、時代の終わりと、その時代に生きた個人の終わりを重ねたうまさ。

大人の不倫映画といえば、欲望むき出しの言い争いや、激しい愛欲シーンがつきものだが、そういうものはなくてこそ本物の大人の恋愛が描けるという自信。二人は節度をもちつつ気持ちを寄せ合い、渡は誠実正直に妻に打ち明け、怒声を上げるような場面は一度もない。中年の思慮深さを持ちながら終始明るい渡はこれが本来の彼かと思わせ、吉永の繊細な表情演技は、作品にこめた思い入れの深さだ。

この演出を限りなく華麗にしているのが木村大作の撮影だ。お決まりの紅葉の京都奈良の散策、鎌倉の家に静かに降りゆく夜の時雨、グラナダの海に後半の人生を覚悟する渡の後ろ姿などは、あざやかに心情を浮かび上がらせ、説明的台詞を不要にする。

また久石譲のこれぞ映画音楽といいたい雄大なオーケストレーション、しかし肝心なところは無音にして俳優の顔に物語らす節度。また見るからに上質な飾りすぎない衣装。世間的には認められない渡の決断を受け止める親友・林の低音の台詞まわし。

「お前にそんな情熱があったとは思わなかったよ」

「お前だって、大学下宿の娘にほれてたじゃないか」

「そうだ。だが、俺が就職して忙しい間にあの娘は死んだ」

無言で一杯ふくむ林は、渡の心情を理解したのだ。

人生は一度だ。五十六歳と四十八歳。年齢を経て出合った運命の人と生き直すのは許されるのか。許すも許さぬもないという決心が、激情ではなく「落ち着いて」進んでゆく。大人の恋愛映画として完璧だった。

観終えてのち、ネットでこの映画の苦難の制作過程を知った。中里恒子の原作に感動した吉永は、自ら各社に企画をもちかけたが、どぎつい映画しか作ろうとしない会社はどこも請け合わず、吉永は映画化権を入手し、出演料はいらない、低予算に協力する、自ら宣伝活動すると訴える。吉永から共演を請われた渡は感激し、自らも出演料はいらないと二人そろって大手会社にかけあった。

刺激を求める時代にあって大人の映画を作りたいという情熱に、みごとに応えたスタッフの底力。小百合ファンの私は、年齢の上がったスター女優として難しい時期に迷っていると見え、力のある監督に身を預けよと、歯がゆい思いを抱いていた。しかし、もはや捨てることのできない自分のイメージを崩すことなく、こんな見事な作品を作っていたのだ。まさに代表作。

（神保町シアター）

カツドウヤ魂の純粋さ

ロケーション

一九八四（昭和五九）年　松竹　九九分
監督：森崎東　原作：津田一郎　脚本：近藤昭二・森崎東　撮影：水野征樹　音楽：佐藤充彦
出演：西田敏行　大楠道代　美保純　柄本明　加藤武　竹中直人　角野卓造　佐藤B作
乙羽信子　殿山泰司　愛川欽也
＊やってられないともめるスタッフに、西田が「まだ続けるぞ、いいか」と手締め一本打たせると、全員がすぐさま次の行動に移る。これぞカツドウヤ魂。

ピンク映画のキャメラマン・西田敏行の妻・大楠道代は同じくピンク映画の女優だが、常習の睡眠薬自殺未遂で寝たきりになってしまい、明日からの主演ロケは無理とあきらめ、脚本の柄本明を呼び、道代はお前にやるから足を洗って二人でホカ弁屋でも始めろ、あばよと告げ、無口な柄本は黙り込む。西田と柄本は道代をはさんだ長いコンビだった。

翌朝のロケにたてた代役女優は裸はいやと泣き出して撮影は中断。そこに柄本が道代を連れて来て再開するが、海で男（チーフ助監督・竹中直人の内トラ＝内部エキストラ）に襲われる場面でおぼれかけ、もうこりごりと本当に降りてしまう。監督・加藤武は至急代役をみつけて来いと指示して、次の撮影現場の連れ込み宿に移動する。

宿のふてぶてしい女主人・乙羽信子は「三十分だけ」の条件で撮影を許可。連れてきた女優を角野卓造ら三人の男が裸で襲う場面の段取りをつけたがうっかり消火器をひっくり返し、白い粉が噴き出しててんやわんや。代役女優がもういやだと真っ裸で逃げ出すのを「これは絵になる、どこまでも走れ」とライトマンと一緒に夜の新宿の街をどんどん追って撮影してゆく。

しかし監督は転んで入院。撮影は監督なしでゆくことになり、連れ込み宿にいた女中・美保純を女優に仕立てて撮影再開したものの、美保は故郷福島にお盆の墓参りに行くと言い出す。西田は彼女が福島に帰るロードムービーに変えて続行とし、ボロのロケバスに「女優」を乗せた一行は急遽福島に向かう。撮影日はあと二日しかないのだ。

＊

撮影期間四日の低予算映画製作の現場を、喜劇仕立てのドタバタにするのではなく、何が何でも完成させねばという映画人の情熱を真正面から描いているのがすばらしい。悩んでいる暇などなく、次から次へと決断して実行するカツドウヤ魂。今の簡便なデジタルとちがうフィルム撮影では、フィルムの無駄遣いはできず、照明は必須。移動撮影の地ならしやレール引き、見物人の排除、突然の許可取り、代役出演と、やることは山のようにあり、キャメラマンは大型クレーンにわが身を吊って次第に引き上げさせて画面を大ロングショットにもってゆく危険撮影にも無我夢中だ。

福島に向かった後半から話は意外な展開になる。美保の卒業した中学校に立ち寄ると、美保をよく覚えている（じつは昔手を出したらしい）体育教師・佐藤B作がいて、撮影許可はスムーズにゆくかと思ったが「どういうお話ですか」と聞かれ、「父を殺した三人の男に強姦されて復讐殺害する話」とは言えず、「えーと、まあドキュメンタリータッチですから、あまり決まった筋立てはないんです」とごまかす。しかしB作から、美保には人殺しの前歴の噂があると聞かされる。

盆祭りの福島に着いて美保は行方をくらまし、みんなで手分けして探すはめになった。西田は駄菓子屋の老婆から、美保の両親は一家心中を図ったが幼子の美保だけは生き残ったと聞く。見上げた旅館二階から、遊んでかないと手招きする女・テル子が妻の道代に瓜二つ（大楠二役）でつい上がると、美保は父だけが死んだ恨みで母を仏ケ浦から突き落としたと聞き、人殺しの噂を思い出す。

美保は父の墓の前にいた。西田は呼び寄せた柄本にストーリーを一家心中に変えるよう言い、仏ケ浦の網小屋で撮影を再開すると、現れたのはさきほどのテル子で、彼女こそは美保の母だった。美保は、母を妾にしている殿山泰司と組んで父を殺したのだろうと非難、母はお前だけは残そうと松の木にしばりつけておいて心中するつもりだったが、父は先に崖を飛び降りたのだと激しく言い争ってつかみ合いとなる。このあたりは口論が輻湊《ふくそう》してわかりにくいが、ことは心中の真相ではなく眼前の展開にあり、すかさず西田はライトを当て、手持ちキャメラを回し、柄本は口論を素早く書き取ってゆくスタッフの機敏な動きだ。映画は本当にドキュメンタリーになったのだ。

架空の話が事実を前に変容してゆく、それこそが映画だと気づいて回し続ける。なんと考えられた構成だろう。コミカルさは全くなく、真剣そのものの西田敏行、柄本明、竹中直人、佐藤B作、角野卓造、愛川欽也らは当時まだ中堅で、それをベテラン映画人、加藤武、乙羽信子、殿山泰司が支え、大楠道代が大輪の花、美保純が初々しい体当たり演技を展開する。

これすなわち「自分たちを描いた映画」だという自覚、心意気に違いない。映画の現場はこんなものだ、その姿を笑いもののドタバタなんかにさせないという誇りが、この作品を涙なくして見られない（本当に私は泣きました）傑作にした。最後は和解した母娘が夜の仏ケ浦の波に浮かべる父の供養の紙風船を、西田は「数を増やせ！」と怒鳴り、漂う紙風船を海に半身を沈めて長まわし撮影、ようやく「カーット！　終わり！」と絶叫する。

それをラストシーンにした完成試写で監督・加藤は「……よくやった」とうめくが、配給会社は「何がなんだかわからない、こんなのはいらない」と席を蹴る。西田はかかった経費は自分がもつとつぶやき、またあばら屋に戻り、トップシーンとおなじ風呂にふうと体を沈める。その手前には妻の道代もいた。

映画製作現場を描いて大ヒットした『カメラを止めるな！』（二〇一七／監督：上田慎一郎）の

三十三年前、こんなに熱気の濃い映画メイキング映画が作られていた。上映したシネマヴェーラ渋谷での、柄本明と山根貞男によるこの作のトークを聞き逃したのは私の痛恨事。映画人の誇りを描いたカルト的真価は、今後どんどん高まってゆくだろう。

（シネマヴェーラ渋谷）

戦前のモダンなラブコメディ

結婚適齢記

一九三三（昭和八）年　日活太秦　七九分　サイレント
監督：青山三郎　原作：寺尾幸夫（朝日新聞連載）　脚色：山崎謙太　撮影：永塚一榮
美術：堀保治　出演：杉狂児　如月玲子　田村邦男　久松美津江　宇留木浩　近松里子
＊刀剣趣味のデブ田村邦男が屋敷の庭で「えいやぁ！」と真剣を振り回すのを見た杉が、ますますひるむのがいい。

戦前昭和八年のサイレント（無声）映画作品。新米新聞記者の杉狂児は、箱根で富小路子爵の自動車が墜落したのに出会い、乗っていた令嬢（久松美津江・美人）は無事だったのに瀕死の重傷と誤報して、社会部から家庭欄にまわされてしまった。

そこで先輩のオールドミス女記者（如月玲子）にバカにされて発奮、「有名人の趣味」欄訪問取材を申し出る。部長の命で行った富小路子爵邸は大豪邸で執事に怪しまれていると、そこに帰ってきたのが誤報で迷惑をかけた令嬢で、「どうぞ」と案内してくれ、刀剣趣味の子爵は取材を喜んで熱が入った。以来杉は令嬢に恋してしまう。

そのころ令嬢には大金持ちの息子から縁談の申し込みがあり、父は大いに乗り気になっていた。一方、先輩オールドミス記者は仕事熱心な杉を気に入り、勝手に杉の一人暮しアパートに押しかけ「私と結婚するとトク」と言って帰らない。そこに縁談の相談に来た令嬢は女がいるのを見て驚き帰る。

会社で悄然とする杉を部長が料亭に誘い、聞こえた廊下の騒ぎは、芸者に「あんたの子ができたのにべつの女と縁談するつもりか」と迫られた男の逃げ騒動で、杉は芸者が破り捨てた写真を見て、その男の縁談相手は令嬢と知り、すぐに令嬢にそれは道楽者バカ息子であると電話すると、「中傷記者か」とさらに心証を悪くされて落ち込む。その後、杉のアパートをまたも訪ねた先輩女記者は、令嬢への恋がかなわず悲嘆にくれる杉を見てあきらめ、「でも私は貴方をずっと好きだから覚えておいて」と言い残してアパートを出てゆく。

そこからがおもしろい。先輩女記者は子爵邸に乗り込み、杉はいかによい男か、令嬢は杉と結婚すべきだと説得するが子爵は聞かない。一方、令嬢はドライブに誘いに来た縁談バカ息子と車で出かけたが、令嬢宅に乗り込んできたいつかの芸者がそれを見つけて激怒してタクシーで追跡。バカ息子はついには煙突に登って逃げる下に芸者はどっかと居座り、集まった群衆に喝采をあびる。令嬢からそれを聞いた杉はすぐ現場に向かってここぞと記事を書き、社会面トップで輪転機がまわる。

子爵家では居座る女記者がまだ説得を続けていたが、届いた新聞で縁談相手の行状を知り破談と決め、「これを書いたのは杉」にうなずく。さらに女記者の粘り強さに感心した子爵は、しばらく海外に出るので「わしの秘書になれ」と言う。

杉は誤報を名誉挽回して令嬢と結婚。横恋慕をあきらめて杉の恋を成就させた先輩女記者も格好な仕事を得た。めでたしめでたし。

＊

戦前一九三三（昭和八）年の作品とはとても思えないモダンなラブコメディ。

ハロルド・ロイド風の都会的喜劇俳優として売り出した主演・杉狂児は、やや頼りなげな風貌ながらも黒縁眼鏡にきりりとしたスーツ姿はおしゃれで、一人暮しのアパート一間は靴で入る洋室。椅子机にストーブが置かれ、奥のベッドはカーテンで囲まれる。一方宴席の料亭は池に橋がかりの昔ながらの日本座敷で、その対照が効果的だ。登場人物はみな単純明快、先輩女記者の図々しさは痛快なほどだ。

傷心の杉が自室のストーブで湯をわかし、机に煙草ゴールデンバットがいくつも重なるのは、どうやら煙草を煮出して飲んで死んでしまおうとしているらしく、おいおい大丈夫かと思うところへ令嬢から知らせがくるタイミング。私の好きなデブ俳優・田村邦男が子爵でふんぞりかえりながらも女記者に閉口する面白さ。

冒頭から当時最高級の外車オープンカーが派手に使われ、後半はまだ看板などのない東京の整った公道でびゅんびゅんとカーチェイスを続けて痛快。島田髷に派手な着物の芸者が剃刀を振り回して車で追い、高い煙突に追いつめた下にどっかと座り、袖の一部を切り裂いて床屋よろしく剃刀を研ぐのは最高だ。そして一気呵成のハッピーエンド。さらに注目は旧い作品なのに、ピントも黒白階調も完璧にシャープなフィルム状態だ。

未知の監督・青山三郎は最新の『日本映画作品大事典』（三省堂）も数行ふれるばかりでこの作品名も出ていない。どうやらフィルムセンターで一九九六年に上映されて以来二十六年ぶりの上映で、まったく貴重な機会だった。昭和十年代は日本映画の第一次黄金期で名品は数知れないが、こんなモダンでセンスあふれる娯楽作品があったのだ。これはサイレント作品で、上映は柳下美恵さんのピアノ伴奏つきだった。私はサイレント映画の活弁の価値はわかるもののあまり好きではなく、あくまで映像だけで物語るのをそのままに鑑賞したい。ときおり入る字幕も「流れ」「流れて」「木曾の秋」のように小出しでリズムをつけたりしてニヤリとさせる。

しかし伴奏音楽は映画に快適な雰囲気、テンポを作り出す。今回はタイトルバックに結婚行進曲を一節だけ入れて内容を暗示、自殺思案場面はあえて無音、令嬢はきれいな単音で喜びをみせ、追いつ追われつのスラプスティックはガンガンと叩き鳴らして盛り上げ最高だった。上映終了後の惜しみない大拍手に柳下さんは「この作品がすばらしいんです」と何度も両手をスクリーンに差し出していた。

（国立映画アーカイブ）

私の映画史70年

十六歳、黒澤明作品に出会う

私の趣味の第一は映画だ。

戦後、中国から引き揚げてきた私の一家は、父の故郷、長野県松本の近くで教職を得て、戦後は誰もがそうだった貧乏暮しとなった。当時映画は娯楽の王者。ある日父は苦労している母に「たまには映画でも見てこい」と、しかし女一人で映画館に入らすのはためらわれ、乱暴な兄でなく、幼児の妹でもなく、小学一年の私とバスに乗せた。映画は『君の名は』(一九五三/大庭秀雄)。私は大人が言い争いばかりしている暗い映画が嫌でたまらなかったが、その後の「帰りに何か食べてこい」を楽しみにおとなしくしていた。ちょうど七十年前のことだ。

長野県は視聴覚教育が盛んで、その一環として「巡回映画」が回ってきた。オンボロ体育館か理科室に暗幕を張り、カーボンが発光する映写機を据えた上映に児童は興奮した。好きだったのは外国のニュース映画で、二十世紀フォックス・ムービートーンニュースの、地球に三脚を据えた撮影キャメラがこちらに向いてくるタイトルの音楽ははっきり覚えている。アメリカ南部に洪水とか、ドッグレースなど世界のニュースに目を見張った。何の映画だったかチャイコフスキー

「白鳥の湖」のバレエ場面があり、暗い画面に踊る真っ白なバレリーナに心奪われ、その曲も即時におぼえた。

本編ではNHKの子供向けラジオドラマ「三太物語」を映画化した、当時の人気横綱千代の山が特別出演した『三太と千代の山』（一九五二／小田基義）をよく憶えている。若い花荻先生（左幸子）に憧れた私は十二歳だった。

ディズニー・自然の冒険シリーズの記録映画『砂漠は生きている』や、アニメ『ダンボ』『ピーターパン』などの色あざやかな画面に心酔。最も感銘したのは『ぼくの伯父さん』（ジャック・タチ）と、アニメ『バッタ君町に行く』（フライシャー兄弟）だ。大人になってタチはすべて見て別格の監督になり、『バッタ君』はアニメ映画の研究家・森卓也氏の著作でディズニーに対抗した名作と知る。子供向け原作を読んで知っていた『三銃士』（J・シドニー）はアトス、ポルトス、アラミスが豪胆、沈着、伊達男に描き分けられ、ジーン・ケリーのダルタニアンのフェンシングが華麗だった。

木曾山奥の小学生だった時、村の夏のお盆の催しで夜に学校体育館で映画上映会があり、母たちは見に行ったが子供はダメと言われ、兄と共謀して上映している外の玄関に脱ぎ捨てられた履物の山に画鋲をまくわるさをした。作品『月夜の傘』（一九五五／久松静児）は題名を覚えており、後年見たがよい映画だった。幼い頃の映画はすべて日常とはちがう別世界の窓だった。

汽車通学で松本の高校に通い始め、生れて初めて一人で映画館に入った。それは黒澤明の特集上映で『生きる』『七人の侍』『野良犬』『酔いどれ天使』。

もの心つき始めた十六歳、最初の本格的映画体験にこれほどのベストがあるだろうか。何週間もこの映画が頭から消えなかった。今でも消えていない。

以来『赤い河』(H・ホークス)、『わらの男』(P・ジェルミ)、『十戒』(S・B・デミル)、『ベン・ハー』(W・ワイラー)、『ウエストサイド物語』(R・ワイズ)、『太陽がいっぱい』(R・クレマン)、『地下室のメロディ』(A・ヴェルヌイユ)、『用心棒』『天国と地獄』(ともに黒澤明)、『座頭市物語』(三隅研次) などなどに胸をときめかせてゆく。

私の高校の学園祭は市内の映画館を借り切りにして学年交替で観賞会を開き、作品はフィルムを取り寄せたのだから立派。『リラの門』(R・クレール)、『ジャイアンツ』(G・スティーブンス)、『黒いオルフェ』(M・カミュ)、『渚にて』(S・クレイマー) など作品選択も目が高かったと言えようか。デザイナーを目指していた私は『さすらい』(M・アントニオーニ) の解説パンフをデザイン。これがいわばデザイナー初仕事となる。

作品選択アドバイスは名物教師にして俳人、映画好きの藤岡先生だったと思う。ある学生が藤岡先生の授業をサボって映画に行った帰りに先生にばったり会ってしまい、白状すると題名を聞き「それは僕の授業よりも価値がある」と答えたとか。当時の映画潮流の最先端アントニオーニは筋に関係ない風景ショットを多用し「心象風景」という言葉がはやった。藤岡先生に、彼の『太陽はひとりぼっち』を誉めると「風景ショットは何だと思うか」と問われ「あれにいちいち意味を見なくてはいけないんですか」とナマイキに答えたことがあった。

一九六四年、大学に上京してからは乏しい金を映画につぎこみ、見た作品の題名・日時・劇場・五段階評価のノート記録を始める。新作ロードショーを見る金はなく、入るのは二番館、三番館、名画座ばかり。下宿した下北沢には三館あって草履履きで入り、例えば「グリーン座」の『座頭市地獄旅』(一九六五／三隅研次)、『100発100中』(一九六五／福田純)、『馬鹿と鋏』(一九六五／谷口千吉)の三本立。これらは後年見直したがいずれも傑作。通学乗換駅新宿の地下の小劇場「シネマ新宿」の『いぬ』(J=P・メルヴィル)、『コンクリート・ジャングル』(J・ロージー)、『殺人者たち』(D・シーゲル)も名三本立で、メルヴィルは最も好きな監督になる。名画座の代名詞だった「新宿日活名画座」は〈秋の欧州名画週間〉などとして二本立二日替わりの特集を組み、和田誠のイラストポスターに、指向するグラフィックデザインと映画の幸福な一致を見た。新聞切り抜き上映表はいつも定期券入れに入っていた。

まだ火災に遭う前の「東京国立近代美術館附属フィルム・ライブラリー助成協議会」の京橋講堂の上映にも通い始め、『夏の夜は三たび微笑む』『仮面／ペルソナ』『悪魔の眼』とI・ベルイマンに惹かれてゆく。今や伝説化した池袋「文芸坐」の鈴木清順監督五本立土曜オールナイト全四週にも通い、白々と明けた朝の山手線で眠い目をこすりながら下宿に帰った。体力はあった。その二十本で清順は最大のひいき監督となる。

あわせて頭でっかちの大学生らしく映画理論書を読むようになった。『映画芸術論』(J・H・

ローソン)、『岩波講座現代 10現代の芸術』、『映画とシュルリアリスム』上・下(A・キルー)、『ベルイマンの世界』(J・シクリエ)などなど。

それまで映画理論書は今村太平、中井正一、岩崎昶らがあったが、アートシアターによって海外の芸術映画を見られるようになり視野が世界に広がったと思える。私もアートシアター新宿文化にはよく通った。そもそも大学受験で上京し、不合格だともう東京に来れないから、記念にと試験後見に行ったのが新宿文化の『イワン雷帝』(S・エイゼンシュテイン)だった。モンタージュ理論で知られる監督の『戦艦ポチョムキン』は高校生のとき信州大学の上映会で見ていた。

大学は幸い合格。その祝いに真っ先に見たのはベルイマンの『鏡のなかにある如く』で決定的に影響され、以降東京中にある名画座の遍歴が始まる。大学ではデザインを勉強。卒業制作はフランソワ・トリュフォーの映画ポスター四点ほか。卒業論文もあり、当時購読していた雑誌『映画芸術』の「石堂淑郎・松本俊夫論争/映像かシナリオか」をマクラに書いた「映像とデザイン」を教授はたぶん理解できなかっただろう。

上京翌年の一九六五年は七十一本。六六年・八十九本、六七年・一一四本。ノートにはキラ星のように名画が並び、六八年「テアトル東京」の三台の映写機で写すシネラマの最終上映にかけつけた『2001年宇宙の旅』(S・キューブリック)には最高の五つ星を越える特別七つ星をつけた。

雑誌『映画芸術』を知った十八歳

あわせて映画研究雑誌を買うようになった。六〇年代は映画雑誌が活発で、老舗の『キネマ旬報』は新作紹介。『映画芸術』と『映画評論』が研究誌の双璧だった。

『映画芸術』は編集長・大橋恭彦（奥様は女優・沢村貞子）のもと、六〇年代に胎動する、映画界の新しい動きを追う。例えば六〇年四月号の特集は「おこれ、日本映画の『若い怒濤』」として若手監督、中平康、増村保造、井上和男、須川栄三らも執筆し、巻末は『勝手にしやがれ』（J＝L・ゴダール）のシナリオを掲載する。

さらに編集部に小川徹が加わると、執筆に文学者をどんどん登場させる。六三年八月号の特集1は「人類の未来とこの前衛たち」と大きく出て、三島由紀夫、開高健、椎名麟三、遠藤周作、澁澤龍彦、中平康、関根弘が執筆。三島の「残酷美について」は『切腹』（小林正樹）を〈われわれの古典文学では、紅葉や櫻は、血潮や死のメタフォアである。民族の深層意識に深くしみついたこのメタフォアは、生理的恐怖に美的形式を課する訓練を数百年に亙ってつづけてきたので……〉と書く。後年三島はこれを実践したわけか。

小川が三島に、阿佐ケ谷の名画座で『博奕打ち　総長賭博』（山下耕作）を見させて書かせた論は〈場末のどことなく厠臭のする絶好の環境で〉と始まり〈あたかもギリシャ悲劇を思わせる完璧な構成〉とこの傑作を見事に論じ、後に主演・鶴田浩二との対談にもなった。

六四年六月号は特集「人間の歴史〝揺籠から墓場まで〟の映画と人生」とこれも大きく出て、年代ごとに、

奥山翠「赤チャン論『今日は赤ちゃん』から『私は二才』まで」

小島信夫「父親の再婚『秋日和』とわたくしの場合」

森茉莉「その年私は欧羅巴の悪魔をみた～私の好きな俳優たち」

大岡信「戦中派の美意識と体験／映画『剣』への共感と私のころ…」

野坂昭如「ぼくの〝勝手にしやがれ〟、プレイボーイといわれるにいたる動機」

安岡章太郎「映画館の中の不良少年／『外人部隊』と『目撃者』などにイタク感激したころ」

らが論を展開。

さらに前号五月に特集した「わが肉体映画論」の批判として、特集「女流芸術家による私の肉体映画論」を大原富枝、水木洋子、朝倉摂、左幸子、三宅艶子ら十人に書かせているのは編集の面目躍如だ。

花田清輝、開高健、椎名麟三、遠藤周作、澁澤龍彥、吉村昭、倉橋由美子、佐多稲子、藤原審爾、金子光晴、長谷川四郎、檀一雄、瀬戸内晴美、笹沢佐保、白石かずこ、種村季弘、寺山修司、長部日出雄、飯島耕一、針生一郎などなど、文学者がこれほど映画について書いた時期はなかった。小川徹は「裏目読み」といわれた、監督も考えていない深層意識を探る論、たとえば『けんかえれじい』（鈴木清順）の、寺の本堂での喧嘩勝利の宴に地下から忍び込んで竹槍を突き上げ

るのは自衛隊の在り方へのアピール、なる珍論でわかせた。

私が影響された一人は、柔らかな「ですます調」で卓抜な論を展開する花田清輝で、少ない小遣いで分厚い著作集全四巻まで買ってしまった。その花田が、一九六三年、華々しくオープンした日比谷日生劇場のこけらおとしに書いたミュージカル『ものみな歌で終わる』は、演出：千田是也、美術：伊藤熹朔の万全な構えにもかかわらず記録的な不入りだったと新聞で読み、へえと思ったりした。

能研究家・評論家の戸井田道三による分析の新鮮さにうなり、女性では、作家・須賀敦子と深い交流のあったという奥山翠のち矢島翠の、特にベルイマン論、アントニオーニ論は女性視点のある明晰な解釈で読まされ、後年加藤周一と結婚されたのにも驚いた。

小川徹は文学コンプレックスがあったのかもしれないが、映画を映画の枠内での作品論でなく、文学的、時代状況的に分析するべきという視点があったのだろう。

自分の見た映画がかくも多様に論じられることを知り、映画を見てその批評を読むのは、ものの見方を学ぶ日々の営為になってゆく。当時は大学の映画研究会が盛んなときで『映画芸術』毎年二月号恒例の「年間ベスト10・ワースト10」には各大学映研の選も掲載され、映研部長による高邁な論が載る。田舎から上京したばかりの私は、学生はアートシアター系の芸術作や社会派を選ぶと思いきや、一般には娯楽映画の扱いである東映仁侠作などを真正面から推挙する嗅覚の鋭敏に驚き、学生人気ナンバーワンだった『狼の王子』（舛田利雄）は確かに傑作だった。その頃の学生は文学よりも映画派で「え、あれ見てないの？」とバカにされるのを恐れた。

六四年に上京して『映画芸術』を知った私は、帰省した松本の古書店にバックナンバーがよくあるのをいつも買い求めたが、映画好きの藤岡先生が購読していたものかも知れないと思った。

多種多様、才気煥発の論とはべつに『映画芸術』に惹かれたのは、卓抜な誌面デザインだ。デザインを学んでいた私は、井上敏雄による斬新な本文レイアウトで、見出しの組み方、文字や写真の扱い方、ホワイトスペースの効果などを舌をなめるように勉強する一方、毎号呼びもののグラビア「シネマエロティシズム」もまた。

『映画評論』のデザインをした二十四歳

『映画評論』の創刊は一九二五年とたいへん古い。地方に在住して投稿原稿を書いていた佐藤忠男が五六年に編集部に入ると「長い評論」を提唱。岸松雄「日本シナリオ史」、石上三登志「SF映画の知的な冒険～特殊効果の系譜」、森卓也「動画映画の系譜」などを長期連載。森はアニメ映画の大藤信郎賞を受けた和田誠の「殺人！」に注目し「イラストレーターのアニメーション」として長文で解説している。

一九六〇年には、『ヒッチコックマガジン』編集長の中原弓彦（小林信彦）に枚数無制限で依頼して書かれた「喜劇映画の衰退」三〇〇枚は、後の一九七五年に「喜劇映画の復活」を加え、序文・佐藤忠男／解説・渡辺武信により『笑殺の美学』として出版。また後に『世界の喜劇人』として定本化した。

私は、一九六一年五月「増刊ヒッチコックマガジン　GUNのすべて」（この号を持っているのが自慢）の座談会に宍戸錠を招いた編集長として中原弓彦の名を知った。中原と『映評』は相性がよく、佐藤忠男が抜けた後の六三年九月号「日活活劇の盛衰」は、文芸映画や社会派作品を文学的に語るのとは全く異なる見方で、映画だけの持つ力を系統的に論じた、佐藤に捧げたような画期的な長編論文だった。お手軽と称されるジャンルものやシリーズものが映画をいかに深めて行ったかの分析は中原の大きな功績だ。

それまでの映画批評は大新聞の映画記者、例えば朝日新聞の津村秀夫など、文学への劣等感いっぱいに文芸映画や社会良識派をもちあげる印象批評だけで非常にレベルが低く、業を煮やした市川崑が『キネマ旬報』で対談した朝日新聞・井沢淳は、話にならないほど居丈高逃げ腰で、後の単行本『シネアスト市川崑』（キネマ旬報社）の再録はその意味で貴重だ。佐藤は津村や井沢を「あの二人は威張っているだけで、謙虚ってことを知りませんでしたよ」と切り捨てる（二〇〇九年、高崎俊夫のインタビュー「『映画評論』、われらの時代に」より）。

一方、台頭する日本ヌーヴェルヴァーグを支持して、当時最若手の大島渚、増村保造や中平康にページを開放。また映画現場に密着し、六四年七月号のグラビア「乱世の倫理をもとめて～篠田正浩『暗殺』セット訪問」は、原作者・司馬遼太郎が撮影現場を訪ね、監督、丹波哲郎、岩下志麻と写真におさまり、「山田信夫の脚本がとても良いのでこの通り映画化してくれ」と注文したと編集の虫明亜呂無が書く。

『映評』らしさがより濃くなってきたのは、弱小プロ応援と怪奇幻想映画だ。

六六年十月号の特集1は「若松プロに逆転の可能性はあるか！」。特集2は「怪奇と幻想映画展」で渋沢竜彦（当時表記）が「恐怖映画の誘い」、石上三登志が「吸血鬼伝説と現代」を書き、両氏も加わる「怪奇映画クラブ」選定「怪奇映画二十選」は、第一位『吸血鬼ドラキュラ』から『血とバラ』『怪人マブゼの挑戦』『東海道四谷怪談』『悪魔のような女』『サイコ』と続く。これをDVDセットで売り出してくれないか。

佐藤重臣が編集長になるとさらに「異端の系譜」に舵を切り、ゲリラ的「アングラ志向」が強くなる。六七年八月号の特集「戦後映画運動の再検討」は、ネオ・リアリズム、独立プロ映画運動、ポーランド映画の思想と精神、松竹ヌーヴェルヴァーグなどとまだ正攻法だが、六八年一月になると座談会「メケ文化とマニエリスム／体内回帰から俯瞰願望まで、ホモ・セクシアルから両性具有の世界を、まさぐる！／足立正生・唐十郎・種村季弘」が巻頭で、その後の特集「邦画五社のご健斗・全調査」は、〈東宝〉東宝ですよ！安全安全また安全、〈日活〉夕笛を聞き、斜陽のおもかげを知る、〈松竹〉出たとこ勝負の春日和、〈大映〉果たして大魔神に神通力ありや、〈東映〉二代目襲名㊙物語、と皮肉げだ。

一方、デザイン勉強中の私は、シンプルに俳優の顔を描いた『映評』表紙のイラストレーター小林泰彦（信彦氏の弟）にすっかり魅了され、その真似でずいぶん作品を作った。その後泰彦氏は週刊誌『平凡パンチ』などでアメリカの若者風俗のイラストルポを続け、年齢にしたがい低山歩きをライフワークに、また今は「にっぽん建築散歩」で全国のレトロ建物を詳細に探訪。そのすべてが私の趣味と一致し、これもまた『映評』が導いてくれた縁。私は兄・信彦氏、弟・泰彦氏の両方に影響されたのだった。

大学を卒業して銀座の資生堂勤務を始めても映画を見ることは続き、とりわけ銀座隣の京橋の国立近代美術館別館にはよく通った。ある上映のあと地下鉄に乗ると、やはり来場していた佐藤重臣が向いの席で競馬新聞をひろげており、『映評』表紙は泰彦氏を離れてつまらなくなったのが残念だった私は、思いきって「表紙のデザインをさせてください」と声をかけ、柔和な顔で返事をいただき、後日、銀座四丁目・不二家ビル上階の編集室に出かけた。デザイン料千円は材料費にも足りなかったが頂戴できるだけであり難く、大いに張りきって「知的な娯楽感」をめざした。一九七一年の後半六号だけの大切な作品だ。

六〇年代に最盛期となった映画雑誌は文学、社会学系の筆者に多く誌面を提供し、盛んな映画書出版にも結びついた。力を入れていたのは三一書房で、『映像の発見』（松本俊夫）、『現代日本映画作家論』（小川徹）、『遊撃の思想』（斉藤龍鳳）、『祭りからの脱出』（戸井田道三）、松本俊夫・羽仁進・吉田喜重編による叢書『現代のシネマ』全十巻を生む。さらに『映画、柔らかい肌』（金井美恵子）、『スクリーンの夢魔』（澁澤龍彦）（いずれも河出書房新社）、『橋の思想を爆破せよ』（小川徹／芳賀書店）などの一方、佐藤忠男『日本映画理論史』『現代日本映画』『現代世界映画』『現代アメリカ映画』（いずれも評論社）、田山力哉『日本の映画作家たちⅠ・Ⅱ』（潮出版社）と映画専門家らしい著作も続く。

それらの集大成とも言えるのが、一九六三年から六六年までの日本映画について書かれた論文を中心に、小川徹・波多野哲郎・飯島哲夫・山根貞男が編纂し、一九七一年から刊行を始めた『現代日本映画論大系』全六巻（冬樹社）だ。巻名「戦後映画の出発」「個人と力の回復」「日本ヌーベル・バーグ」「土着と近代の相克」「幻想と政治の間」「日本に生きた外国映画」にその特徴が出ている。各巻二段組・平均六〇〇ページの大著が、わずか四年間の論文でできたとは、その熱気がいかに大きかったかを表している。映画が文化評論の中心に位置していた。

資生堂にデザイナー入社した三年後の一九七〇年、秋のキャンペーン「TODAY'S EYE」のチームに入り、鈴木清順作品の美術監督・木村威夫氏にポスターやCMの撮影セット美術を頼もうと考え、『映評』誌で名を知っていた電通勤務の石上三登志（これはペンネーム）氏を訪ねて紹介を願ったことがある。木村さんは資生堂の仕事にとても張りきり、千葉の郊外に、中世風の館の抜けた先から日没後の草原が見えるセットを建てた。学んだ私は以降自分でセットをデザインして撮影する手法を続けてゆく。新進のカメラマン十文字美信さんと組んだ雑誌シリーズ広告は、見開きいっぱいに「映画的場面」を作りこんで展開した。

評論家御三家に信頼を寄せた三十代

そうして信頼を寄せるようになった御三家は、和田誠、渡辺武信、山田宏一氏だ。

会社に勤めながら千駄ケ谷に下宿していた私は、学生時代から懇意だった、藝大を出たばかりのデザイナー杉本貴志さんが設計したバー「ラジオ」がすぐ近くで、「ツケでいいから毎晩来い」と言われてよく通っていた。御影石カウンターのモダンな内装は各界気鋭人のたまり場となり、ある夜一人で飲んでいると、和田誠氏と渡辺武信氏が一緒に現れて近くに座った。大ファンだった私は下宿にとって帰り、多大な影響を受けた渡辺著『ヒーローの夢と死　映画的快楽の行方』（思潮社）を持参、〈太田和彦様　一九七五・五・二　渡辺武信〉とサインをいただくと、ほろ酔いでにこにこ見ていた和田氏が「ボクはいいの？」と冗談を言ってくれた。

デザイナーである私は和田誠こそ畏敬の人。その名はかの新宿日活名画座のポスターで知り、このころ赤坂にできたばかりの「草月アートセンター」でも前衛映画や怪奇映画、アニメの特集上映が続いてそのパンフレットデザインも多く手がけ、センスと鑑賞眼あふれる映画著作も別格だった。国費留学でフランスに渡った山田宏一の名は若手ヌーヴェルヴァーグ映画人との交流で知られ、フランス映画の紹介を目的とする「ユニフランス・フィルム」の発行する小冊子で現地の様子を報告しているのを読んだ。帰国しておそらく最初の記事が朝日新聞の『砂漠の流れ者』（S・ペキンパー）評で、西部劇だったのは意外に感じたが、渡辺は新婚旅行で行ったパリで山田に教えられたシネマテークで古いB級アメリカ娯楽作ばかり見ていたと何かで読み、なるほどなあと思った。

映画史家アンリ・ラングロワが提唱したシネマテークに通い続けたゴダールやトリュフォーたちはヌーヴェルヴァーグを生んだ、は有名な話だ。私も一九八四年、あるパリ出張のおりにどうしても入ってみたくなり、落成したばかりのポンピドーセンターへ。その日の上映はかの『博奕打ち　総長賭博』で、花のパリにりんりんと響き渡る啖呵が痛快だった。

映画研究誌に新しい地平を開いたのは、やはり国費フランス留学で映画を見続けた蓮實重彦氏が、期間限定発行した雑誌『季刊リュミエール』だ。特集「神話としてのB級映画」号ではゴダールに独占インタビュー。特集「日本映画の半世紀」号では、自ら「香港国際映画祭の成瀬巳喜男」レポートなど世界を視野に入れる。併せて立教大の教壇に立ち、独自の論で、青山真治、黒沢清、万田邦敏、周防正行などの新映画人を輩出してゆく。

かつての大新聞の、新作への「よくできている」程度の印象批評は雲散霧消。発明百年を過ぎた映画は、歴史的、系統的、世界的見地が欠かせない新しい学究となった。

御三家から私が学んだのは、主題解析だけではなく、作品を良くしている映画的要因を具体的に見抜く力だ。「面白かった」ではなく「どうして面白かったか」。山田宏一の文を読んでその作品を見に行き、帰ってからもう一度読むとそれがよくわかる。後年私は居酒屋の文を書くようになりその方法を真似た。私の本で知った居酒屋に入り、帰ってからまた読むと納得する、という声はうれしかった。

個人シネマテークに没頭した四十代

ゴダールの登場で映画雑誌は世界と同時代意識をもって先鋭化し、『シネマ69』『季刊フィルム』『映画批評』などが輩出したが、四十代になった私は映画ジャーナリズムに飽き、「名作は自分で発見する」個人シネマテークに入ってゆく。

黒澤、小津、溝口、成瀬など古典名作を繰り返し上映する銀座「並木座」で基礎をおさえつつ、熱心に通うようになったのは、封切り以来どこでも上映されていないであろう日本映画旧作ばかりをかける大井町の名画座「大井武蔵野館」だ。

支配人・小野善太郎さんは〝日本映画の墓掘人〟を自称、当時専門家といえども知る人のなかった作品、例えば『鴛鴦歌合戦』(マキノ雅弘)、『春秋一刀流』『天狗飛脚』(ともに丸根賛太郎)を発掘上映。また映画評論家や大新聞映画記者からは無視されていた新東宝作品や珍品面白映画、怪談映画などのマイナー作、カルト作品をどんどん特集し、従来の日本映画史が、いかに少ない作品しか取り上げていなかったかを上映をもって証明した。「第一回・全日本とんでもない映画祭」「愛と哀しみの変身人間」「第一回・西河克己映画祭」などは忘れ難い。全日本とんでもない映画祭、略称「全とん祭」は好評で何回も続き、私は勝手に「ＯＭＦ会報」（ＯＭＦ＝大井武蔵野館ファンクラブ）という新聞を発行して小野さんの目を白黒させたが、そのうち館内に貼り出し、配ってくれるようになった。

以降『風流活殺剣』『狐の呉れた赤ん坊』を見て丸根賛太郎を深く知り、『暖簾』『箱根山』『グラマ島の誘惑』『縞の背広の親分衆』で川島雄三好きを決定づけ、『セクシー地帯』『女体桟橋』で石井輝男を、『結婚のすべて』『大学の山賊たち』で岡本喜八の初期からの才能を、『歌くらべ荒神山』（斎藤寅次郎）、『君も出世ができる』（須川栄三）、『踊りたい夜』『嵐を呼ぶ楽団』（ともに井上梅次）で音楽映画の楽しさを知る。

あわせて通ったのが三軒茶屋にあった「スタジオａｍｓ」だ。支配人の吉濱葉子さんは、古い日本映画の代表的作品よりも、デビューの頃や一般にはなじみの薄い作品ばかりを年間一〇〇本上映。長期シリーズ「検証・日本の映画監督たち」や女優特集は精緻をきわめ、岡田茉莉子は期間中毎日、高峰三枝子は亡くなるふた月前に来館。香川京子は全三十二本上映に何度も来られ、サインをいただいたこともある。私は大女優が若き日の姿をそっと見に来ていることに胸を熱くした。よくお見かけした川本三郎氏は当時「古い日本映画を見ることを全てのスケジュールに優先させる」と通い、その後数々の名著を書き下ろしてゆく。閉館が決まって、渋谷の居酒屋二階で「吉濱さんに感謝する会」を開き、小野善太郎、田中眞澄、武藤康史らが集まり、川本氏は都合がつかないのを残念がった。

二館ともベストテン的映画史からは顧みられない作品の上映に絶大な意義があり、研究者に機会を与え、価値なしと思われていたものが優れた作品であると「発見」させた。

他方、国立近代美術館の建て替えで、上映は竹橋で行っていたのにも通い、ある日、見終えた俳優・伊丹一三がオートバイでさっそうと帰って行くのに遭遇。作品は『周遊する蒸気船』（J・フォード）で、よく勉強しているなと思ったことがあった。その後に伊丹は満を持したように監督デビューする。

熱心に映画講座を開いていたのが千石の「三百人劇場」だ。第一回「成瀬巳喜男」の高峰秀子・佐藤忠男の対談「成瀬映画の思い出」は、私には神の如き高峰様の素顔と明晰な発言に感動する。この講座の良いのは終わってから立派なパンフ「三百人劇場映画講座」を作ることで、「成瀬巳喜男〝発見〟にむけて」の蓮實重彥、四方田犬彦らの論文は力がこもり、私も成瀬の全貌を知った貴重な機会となり、その後講座は五所平之助、伊藤大輔と続く。

また出版社マガジンハウスの雑誌『ブルータス』編集の映画好き澤田康彦が仕掛けた六本木俳優座のナイトショー「ブルータス座」は中川信夫伝説の『東海道四谷怪談』『地獄』や、日活アクション総特集などを上映。このころは映画館外の研究上映会が盛んだった。このとき再見した『激しい季節』（V・ズルリーニ）は生涯最高の恋愛映画であることを確認させた。

本家本元の近代美術館フィルムライブラリーは一九八四年の火災を教訓に、フィルム保存は相模原の別館に移し、竹橋での仮上映から、京橋に「フィルムセンター」として建て替えた新ホールで続々と充実した特集を続ける。強みは「自分でフィルムを持っていること」。その「教室的上映」にはすっかり映画マニアがつき〈フィルムセンター最多有料入場者〉を自負する田中眞澄さんとはよく会った。

古い作品を見続けるうち、いつしか「日本映画に特有の表現とは何か」を考えるようになった。きっかけは一九七四年のフィルムセンターの特集「監督研究：清水宏と石田民三」だ。文芸の研究に全作読破は必須だが、映画は上映が他力本願ゆえ、なかなか全作品までは辿り着けず、貴重な機会を出張などで逃すとまた二十年後になるのは普通だ。そうして苦節ン十年、清水、石田の現存作のほぼ九割は消化した。

そのころ『ブルータス』から映画コラム連載を頼まれ、このおしゃれな都会派雑誌に全く似合わない内容にしようと古い日本映画ばかりを取上げたのが案外ながく続き、その後『シネマ大吟醸　魅惑のニッポン古典映画たち』（一九九四／角川書店／現小学館文庫）という一冊になった。

一方、ある作品を吟味し尽くすには長文が必要と思い始めていたとき、小学館の文芸PR誌『本の窓』から、何か連載しないかと話があって提案すると、「映画論はこの雑誌に合わない、それを小説体で書いたらどうか」と言われて始めたのが「黄金座の物語」だ。全十九章のうち清水は六本とりあげ「日本映画に特有の表現とは何か」を論考した。その内容は「劇性よりも情感を重んじ、人物を風景に溶け込ませ、日本画における余白の如き部分を大切にする」としておこう。出版された『黄金座の物語』（二〇〇一／小学館）は後に『居酒屋吟月の物語』と改題されて日経文芸文庫に収まった際、佐藤忠男氏に解説をいただいたのがとても嬉しかった。

両者の作品はすべてがすばらしいが一応挙げておくと、清水宏『按摩と女』『小原庄助さん』『蜂の巣の子供たち』、石田民三『むかしの歌』『花つみ日記』『化粧雪』あたりがベストか。

大部の映画研究書の出版もたいへん盛んになり、『市川崑の映画たち』（市川崑・森遊机／ワイズ出版）、『森一生映画旅』（森一生・山田宏一・山根貞男／草思社）など、適確な批評家による監督への全作品クロニクルインタビューが、いかに大切か、そして面白いかも知ってゆく。

ミニシアターと出会った五十代

二〇〇〇年代に入り名画座は、新しくきれいな劇場の最良の上映で鑑賞できるミニシアターとして誕生する。「シネマヴェーラ渋谷」「神保町シアター」「ラピュタ阿佐ヶ谷」「新文芸坐」「フィルムセンター」がそれだ。

特徴は各館の工夫を凝らした特集上映にある。例えばシネマヴェーラ渋谷〈フィルムノワールの世界〉〈ジョージ・キューカーとハリウッド女性映画の時代〉〈蘇る映画魂／the legend of 石井輝男〉。神保町シアター〈恋する女優・芦川いづみ〉〈生誕百三十五年谷崎潤一郎／谷崎・三島・荷風―耽美と背徳の文芸映画〉〈生誕110年／森雅之―孤高のダンディズム〉。ラピュタ阿佐ヶ谷〈現代文学栄華館〉〈添えもの映画百花繚乱〉〈お姐ちゃんタイフーン〉。

新文芸坐は洋邦とりまぜた圧倒的な本数で〈市川崑初期ライト・コメディの誘惑〉や〈喜劇のデパート森繁久彌〉など。フィルムセンターが意義を強化して再々スタートした「国立映画アーカイブ」の三船敏郎や山口淑子の回顧は珍しい作品が頻出した。「古い映画を、ある観点でまとめて見る」という私の夢は完全に実現、通いきれない嬉しい悲鳴となる。

四館を主導するのがいずれも女性であることを書いておきたい。シネマヴェーラ渋谷・内藤由美子さんの朝一番の館内放送は、プロアナウンサーも顔負けに落ち着いた、小学校の女先生のような丁寧な口調がとても素敵だ。神保町シアター・佐藤奈穂子さんは、昨年の開館十五周年のとき、スタッフの皆さんでとおせんべいを沢山持参したら喜んでくれた。ラピュタ阿佐ヶ谷・石井紫さんはある雪の日、慣れない手つきで雪かきをしているのを手伝ったことがある。新文芸坐・高原安未さんは、大スクリーンを残して設備を一新、様々なプログラムに大車輪の活躍だ。

映画好きの夢は一本撮ることではない。自分で選んだ作品を特集上映することだ。不肖私も神保町シアターで機会をいただき〈昭和の原風景〉を四週間二十八本、〈映画と酒場と男と女〉を三週間二十一本上映していただいた。苦心はそのラインナップだが、間近にどこかで上映された作品ははずし、滅多にかからない隠れたる傑作を軸にしながらも客の呼べる有名作も必要。「これが興行の難しさですな」と嬉しげに悩んでみせる。

力が入ったのはちらしの、一本六十字程度の内容紹介文。さらに始まれば「入ってる?」と客入りの心配。調子にのって舞台挨拶まででした。今や人気作となった『東京おにぎり娘』（田中重雄）はこの時の上映がきっかけと自負してます。

新名画座ミニシアターは、古いポスターや宣伝プレスを探し出して展示し、幕間にはその作品の主題歌や当時の歌をかけ、俳優や制作者のトークショーも欠かさず、丁寧に作品解説したちらしは資料価値があり、さらに自らニュープリントもするという、もはや研究機関。世界にこれだけ映画愛にあふれた名画座が多い都市はないだろう。客は購入チケットの順番を守って入場し、終わると出て次の回を待つ。同じ日に二本、三本と見るのは普通だ。

そこにはしっかり名画座族が生れた。就中、最も多く見ていると畏怖されるのは、噺家・快楽亭ブラック師匠と、音楽家・小西康陽の二氏だ。私は昔「コンビニエンスシネマ通信」という連載コラムで「年間本数による映画ファン度」なる表を作り、〈二〇〇本・映画狂＝新作映画の大体の内容は知っている　三〇〇本・異常者＝映画中心にすべてのスケジュールを立てる　四〇〇本・狂人＝毎日映画に行く〉などと分け、さらにその上に、これはあり得ないがの気持ちで〈四〇〇本以上・聖者＝一日二館行く。夜はオールナイト。移動と寝る時間以外は食事もすべて映画館。一日中、陽に当たらないので青白く不健康。会話もしないので失語症。もうまともな社会生活はできない。見てない映画があるのが最大の不安〉と茶化したが、お二人ははるかその上と噂され、もはや〈イコン＝偶像〉か。

これも昔、当時宝島社にいた町山智浩さんに映画雑誌を発行しようと持ちかけられ、望むところと張りきり様々な記事を作った中で、ブラック氏に「この一年に見た作品一覧」をお願いしたところ、所定見開きに最小の活字でもおさまらず、編集後記まではみ出てようやくおさめた。この『映画宝島』は創刊準備号で終わってしまったのが残念だ。渡米した町山氏のその後の活躍はめざましい。

ひまな中年オヤジ専用と見られていた名画座に、見違えるような若い女性が通い始めているのも新傾向だ。

その一人、のむみち氏は手書きの名画座スケジュール表『名画座かんぺ』を毎月発行。巻末の資料がすばらしい『名画座手帳』も毎年発行、名著『銀幕に愛をこめて――ぼくはゴジラの同期生』（宝田明：著／のむみち：構成／筑摩書房）も作った、今やだれもが知る「名画座の女神」。

若手女性作家・山内マリコ氏が〈名画座通いに明け暮れる、永遠の二十九歳マリコフの世界展〉としたネット連載「ザ・ワールド・オブ・マリコフ」は、例えば私はたいした作品ではないと思った『居酒屋兆治』（降旗康男）を〈つまりこの映画の世界では、女として生きることが許されるのは、「男の領域を邪魔してこない、非女性的で無害な妻」か、「男の欲望の捌け口を狙っている、女性性を保った女（水商売限定）」の二種しかないことになるのです。そのどれでもない女は、死をもって成敗されるのです。うぉぉぉぉぉ！！！〉と鮮やかに指摘。ちなみにその三人は加藤登紀子、ちあきなおみ、大原麗子。

たかぎみき氏は女性らしく女優のファッションに注目。続けているブログ「キネマ洋装店」は、まだ有名になる前の森英恵が次々に手がけた衣装などが達者なイラスト入りで楽しく、さらに「女優とモード」（神保町シアター）、「美しい女優・美しい衣装」（シネマヴェーラ渋谷）の特集上映も手がけた。

神保町シアターの「芦川いづみ特集」は、回を重ねるごとに人気が高まり、引退後五十一年にして発刊されたインタビュー写真集『芦川いづみ　愁いを含んで、ほのかに甘く』（文藝春秋）に際した上映では、「日活撮影所はわたしの青春でした」という、変わらぬ可憐な声の録音メッセージが客席に流され、満場の胸を熱くさせた。その多くは現役封切り時を知らない客と思われ、まさに新名画座はスターを復活させたのだった。

古い日本映画の再上映は、新たな人気俳優を生んでゆく。双璧は市川雷蔵と若尾文子。角川シネマ有楽町などの特集上映は毎年恒例となり、観客は両人の幅広い役柄とスター性、一貫した作品の水準の高さを見抜いたのだ。私も再見、再々見。作品は最低二回見ないと本当の良さまで満喫できないは鉄則になった。

好みが定着してきた六十代

大学一年から始めた映画ノートは今も続き、一館連続通い記録は、二〇一四年のフィルムセンター「千葉泰樹の回顧上映」に連続十五日間通い、二十二本を見て、この監督の腕前を知る。二年後シネマヴェーラ渋谷でも千葉の特集二十五本をやったが、タイトルは「成瀬になれなかった男　映画作家・千葉泰樹」で、そんなこと言うなよなと思ったぞ。『夜の緋牡丹』『生きている画像』『杉狂の催眠術』のすばらしさを知らんかい！

そのヴェーラの二〇一六年は「没後五十年メモリアル　孤高の天才・清水宏」など好企画が続き二十五日通って三十八本を見た。年間本数で言えば、至近の二〇一八年は一五四本、二〇一九年は一二四本、二〇二〇年は一〇四本。一年にこれだけの本を読めば読書家と言われそうだが、名画座通いでは「暇なんですね」と言われるだけだ。

そうして好きな監督は定まってきた。清水宏、石田民三は別格として、御三家は、市川崑（おすすめは『愛人』『女性に関する十二章』『さようなら、今日は』）、鈴木清順（『刺青一代』『関東無宿』『けんかえれじい』）、川島雄三（『しとやかな獣』『東京マダムと大阪夫人』『銀座二十四帖』）。

さらに三隅研次は『剣鬼』『斬る』『剣』の剣三部作、中平康『街燈』『学生野郎と娘たち』『才女気質』、蔵原惟繕『俺は待ってるぜ』『海底から来た女』『夜明けのうた』、岡本喜八『独立愚連隊』『暗黒街の対決』『殺人狂時代』。

挙げればきりがないが、あまり有名ではない人では、田中重雄『夜は嘘つき』『東京の瞳』『東京おにぎり娘』、鈴木英夫『非情都市』『その場所に女ありて』『悪の階段』、並木鏡太郎『樋口一葉』『魚河岸帝国』『唐手三四郎』あたりは名画座での発見だ。

ジャンルで言えば「フィルムノワール＝暗黒映画」が最も好み。最高峰はＪ＝Ｐ・メルヴィルだ。上京の一九六四年、シネマ新宿で『いぬ』を初見、一九八二年、アテネ・フランセで再見。以来これぞわが監督と追いかける。

そこで知り合った輸入配給会社ケーブルホーグの畏友・根岸邦明氏に頼まれた、『賭博師ボブ』『マンハッタンの二人の男』初公開が目玉の「ヌーヴェルヴァーグの先駆者　ジャン＝ピエール・メルヴィルの世界」パンフレットは、山田宏一の原稿および監督インタビューを得て、薄明にテンガロンハットの監督がシルエットで浮かぶ写真を表紙にすばらしいものができた（自画自賛）。

二〇〇九年、「東京フィルメックス」と「日仏学院」で二期に分けて行われた「コードネームはメルヴィル」でついに全十三作は上映され尽くし、『映画伝説　ジャン＝ピエール・メルヴィル』を著した古山敏幸氏との交流も生れる。さらに二〇一七年、フィルムセンターの「生誕100年　ジャン＝ピエール・メルヴィル、暗黒映画の美」や、角川シネマ新宿で特集も行われた。先にも書いたが映画研究は「作品を（何度も）見なくては話にならない」。名画座や特集上映がそれを助ける。私もメルヴィルや清水を追って半世紀を過ぎた。

外国映画に関しては名前のみ挙げると、御三家はＦ・ラング、Ｅ・ルビッチ、Ｌ・ブニュエル。次いでＩ・ベルイマン、Ｈ・ホークス、Ｊ・タチ、Ｓ・ペキンパー、Ｃ・イーストウッド、Ｓ・フラー、Ｂ・ワイルダー、Ａ・ヒッチコック、Ｄ・シーゲル、Ｐ・スタージェスなどなど。古い外国作品は上映が少なく、ヴェーラとアーカイブが頼り。がんばってください。

通い続けると同好の士も生れてくる。

『花田清輝映画論集／ものみな映画で終わる』や『女の足指と電話機』『仮面の女と愛の輪廻』（ともに虫明亜呂無：著／三冊とも清流出版）など博覧の編者にして、名評論『祝祭の日々　私の映画アトランダム』（国書刊行会）を著した高崎俊夫さん。『ルビッチ・タッチ』全五〇〇ページ、『サイレント映画の黄金時代』全九〇〇ページなどおそるべき大部を編集し続け、仕事場と名画座以外どこにもいないと言われる国書刊行会の樽本周馬さん。映画好きで、大学生時代に『男はつらいよ・寅次郎サラダ記念日』の早稲田大学ロケエキストラ募集に目立つようにピンクのセーターで行き、うまく監督の目にとまって背のアップが向こうに行くカットとなったのが自慢で、『映画はやくざなり／笠原和夫』など映画書出版にも熱心な新潮社『波』編集長・楠瀬啓之さん。そして私の四人が下高井戸の居酒屋に集まって飲んだ談論白熱の一夜はよかった。

また、のむみちさん、たかぎみきさん、旧作日本映画発掘の第一人者・下村健さん、アーカイブの岡田秀則さんらとの「シネマ飲み会」など、映画界における私の役割は、飲み会幹事で酒料理に気を配ることに定着してきた。

コロナ危機を超えて現在

二〇二〇年、名画座ミニシアターに危機が訪れた。

コロナ禍による緊急事態宣言による営業縮小要請で都内のミニシアターは、席を一つおきにテープで座れなくした無残な眺めとなり、休業館も出て継続が危うくなった。憂慮した映画監督、深田晃司・濱口竜介が発起人となり、四月十三日にクラウドファンディング「ミニシアターエイド」による基金募集を始めると反響は大きく、一ヶ月後には三万人近い賛同者を得て、目標額を大幅に超えた三億三千万円余となり、全国一一八の劇場、一〇二の団体に平均三〇〇万円を寄付することができた。ミニシアターがなくなっては困るファンはかくもいたのだ。

その間も客は劇場に通い続けた。待機するロビーはみな無言ゆえにそれでも見るという意志を感じる。私は二〇一九年に一二四本を見て、二〇年は一〇四本に減ったが、一本への愛が深まったかのようにノートに記す評価は甘くなり、五つ星が続いた。

二〇二一年四月、三度めの緊急事態宣言となり、閉鎖を余儀なくされた館も出てきた。このままでは豊かな名画座文化、映画文化が消えかねない。

渦中の五月二十二日、シネマヴェーラ渋谷で「小林信彦プレゼンツ／これがニッポンの喜劇人だ！」二週間の特集が始まった。中原弓彦名義『日本の喜劇人』が初版以来四十九年目に『決定版　日本の喜劇人』として新潮社より刊行された記念で、榎本健一、花菱アチャコ、森繁久彌、フランキー堺、渥美清、植木等、藤山寛美、伴淳三郎、由利徹、宍戸錠、小林旭らの「隠れたる作品」が選ばれたようだ。

ロビーの検温、消毒の厳戒態勢下、全員がマスクで顔を隠す集団はギャングかゾンビのように異様で、ふとトリュフォー『華氏451』で焚書令に抗してすべての書を記憶せんと輪になって本を読むシーンを思い出す。初回午前十一時の上映開始前、やや暗くしたスクリーンに「ミニシアターエイド基金コレクターの皆様への感謝」とタイトルされて、賛同者名と全国のミニシアターの写真が流れる。

……河瀬直美、行定勲、のん、うっしー、原田美枝子、ヨウスケ、月永理絵、渡辺武信、狸丸、塚本晋也、かおりん、まことくん、鞍馬天狗、太田蜀山人、みしえる、アナコンダ、ナマケモノ、役所広司、こぶへい、おでん組、ゴジラ先輩、佐藤浩市、川上冷奴、かばどん、おやじ、電池停止、横浜のたぬき、矢部太郎、弥太っぺ、柄本佑、ごはんですよ、新文芸坐、早稲田松竹、株式会社アミューズ、ちば映画祭……。続く注意事項アナウンスは、マスク厳守、会話飲食禁止などを列挙し〈ミニシアターの映写持続のため皆様の一層のご理解とご協力をお願い申し上げます〉と結ばれる。

ようやく本編が始まった。銀輪が七色にキラキラ光りまわる日活タイトルに続いてスクリーンいっぱいにおなじみ太字殴り書きで『ろくでなし稼業』がバーンと立ち上がって登場。

——これだ、これだよ、上映自粛などくそくらえ、名画座魂バクハツだぁ！

伊豆あたりの港に現れたふてぶてしい〝エースのジョー〟と、一見余裕のろくでなし二谷英明はなんとなく気が合って、セコイ詐欺でひと儲けたくらむ。悪役はもちろん金子信雄。そのねちっこい横恋慕相手がセクシーな南田洋子（ダーイ好き♡）。だまされた父を信じる清純娘吉永小百合にほだされた二人は……。マンネリな話を生き生きと演じる役者陣、演出テンポの良さ。

こちらも監督：斎藤武市の『東京の暴れん坊』は、パリの裏町を思わせるセットにかわるがわる出てくるミュージカル調のタイトルバック。お話は銀座「キッチンジロウ」の息子でパリ帰りの小林旭と、銭湯の娘・浅丘ルリ子の突っ張り合い恋物語。銀座八丁目に今もある銭湯「金春湯」はサラリーマン時代よく通ったのでなまじ嘘ではない。女湯脱衣場の恋のさやあて半裸取っ組み合いに、番台のルリ子（いいなあ）は男湯のアキラを呼びにゆくがその全裸にびっくり赤面、小さなタオルを腰に巻かせて連れ出し仲裁にもみあうという、筋に必要ないきわどい場面が最高だ（こういうところを最高と言いますか）。小林旭の全く照れもけれん味もない（信彦氏いわく「無意識過剰」）スターっぷりがいい。

『ニッポン無責任時代』（古沢憲吾）の植木等は、歌って踊ってガハハと笑うリズム感ある図々しさが旧来の喜劇人を越えているのがよくわかる。渥美清の『続拝啓天皇陛下様』（野村芳太郎／脚本：山田洋次ほか）は、戦中〜戦後の底辺を生きた庶民史として出色の力作で小沢昭一がすばらしい。テレビドラマ「田舎刑事　時間よ、とまれ」「田舎刑事　まぼろしの特攻隊」は、早坂暁の練りあげた脚本、橋本信也、森崎東の緊迫した演出で、あのご面相ゆえ喜劇味がただよってしまう渥美が、真っ直ぐに容疑者を見る目の力にうなった傑作だった。

上映が始まれば現世を忘れられるのが映画の良さ。席を埋める客は笑い転げ、また水を打ったようにシンと集中する。マスクのゾンビは人間に戻ったのだ。

特集全十五本完全制覇は久しぶりに名画座通いの醍醐味だった。名画座ミニシアターは私の人生を豊かにし続けている。その灯を消してはならない。

七月初旬、ラピュタ阿佐ヶ谷「蔵出し！ 松竹レアもの祭」の一本『踊りたい夜』（井上梅次）は、かつて大井武蔵野館で見た傑作に、主演・鰐淵晴子様のトークがセット。用心して一時間前に行ったが満席完売。泣く泣く帰ったけれど、憧れの美女が若き日のこの作を大切に思っている様子がうれしかった。

鼎談・銀座と酒場と男と女

太田和彦
高崎俊夫
のむみち

たかさき・としお／編集者・映画評論家。「月刊イメージフォーラム」編集部などを経てフリーに。著書に『祝祭の日々：私の映画アトランダム』（国書刊行会）。堀越謙三『インディペンデントの栄光　ユーロスペースから世界へ』（筑摩書房）他、多くの映画関連本の企画・編集を手掛ける。

のむみち／都内名画座の番組表を一覧にした月刊「名画座かんぺ」の発行人。南池袋・古書往来座勤務。『名画座手帳』（往来座編集室）を企画・監修。宝田明『銀幕に愛をこめて　ぼくはゴジラの同期生』（筑摩書房）を構成。過去に『週刊ポスト』で「週刊名画座かんぺ」を連載。

相米監督の三本

太田　コロナ禍で酒場に行かれないとき、「映画で味わう酒」で座談会をと提案され、すぐにお二人の顔が浮かびました。酒も映画も大好きな方々ですから。

のむみち　光栄です！　わたしは古書店で働きつつ、「名画座かんぺ」という、都内名画座の上映情報を集めたフリーペーパーを編集発行しています。銀座でも、山野楽器さんが置いてくださっています。最初に太田さんとご一緒したのは別の雑誌の対談企画でしたね。飯田蝶子が好きという共通項から、意気投合しました（笑）。

太田　しかも、好きな男優は大木実というから、「むむ、できるな！」と（笑）。高崎さんは編集者で、たくさんの映画本を編集されていますね。今日は昭和の日本映画を中心に、酒の名場面について話しましょう。

高崎　酒と映画というテーマで、まず最初に思い浮かんだのは映画監督の相米慎二さんなんです。昔、相米監督と映画好きなママがいるバーで飲んだときに、そのママが相米さんに「好きな日本映画ベストスリーを挙げて」と尋ねたんですよ。

のむみち　わ！　絶対に聞いておきたいですね。

高崎　そのときに相米さんが選んだ三本がシブいんです。清水宏の『小原庄助さん』（一九四九）、内田吐夢の『たそがれ酒場』（一九五五）、成瀬巳喜男の『女が階段を上る時』（一九六〇）なんです。

太田　見事に酒の名作ぞろい。

のむみち　『小原庄助さん』は出だしからして朝酒ですしね（笑）。飯田蝶子も出ていて、いい味出してます。ロバに乗っている大河内傳次郎がかわいくって、大好きな一本です。

太田 小原庄助を演じた大河内傳次郎は最初嫌がったらしいけど、とても良かったね。ぼくの長い映画歴でも特別な作品です。上映機会が少ないので、あると万難を排して行き、くり返し観ています。

高崎 清水宏で酒の名場面だと、『有りがたうさん』(一九三六)も挙げたい。伊豆の天城街道を走る乗り合いバスを中心にさまざまな人間模様を描くロード・ムービーですが、流れ者の酌婦、桑野通子は最初、乗客に疎んじられるんですね。ところが酒の小瓶を出して、「よろしかったら」と勧める。初めは皆断るんだけど、「じゃ、一杯だけ……」となって一気に親密な空気が生まれるんです。桑野通子のあだっぽい魅力が最高です。

太田 酒で懐柔しちゃう。トーキー初期で、セリフが棒読みなのがまたいいんだ。

高崎 清水宏は遺作の『母のおもかげ』(一九五九)も忘れがたいですね。根上淳と淡島千景が、それぞれ連れ子がある身で見合いをするんです。喫茶店で二人が気まずい雰囲気で向かい合っている。ところが次のシーンでは、居酒屋で上機嫌に飲んでいるんです(笑)。根上淳の「もう一本いいですか。今夜の酒はとてもうまいんですよ」っていうセリフは身に染むようで、それを聞いた淡島千景がなんとも美しい笑みを浮かべるんです。

太田 最初の出会いから途中の描写を省いて、酒が二人をつないだとわからせる、うまい演出ですね。

のむみち 清水宏は酒だけではなく、子役を使うのがうまい監督としても有名ですよね。劇中、連れ子の男の子が飼っていた鳩を女の子のほうが逃がしちゃって、そのことが判明したあとに、男の子から殴る蹴るのすさまじい罰を受けるでしょう。よく撮ったなと驚きました。

高崎　すごく残酷ですね。でも、この映画は当時流行の〈母もの〉というジャンルを使って、偉大な子ども映画の名匠・清水宏が放った美しい〈白鳥の歌〉だと思います。

日本一の大トラ女優

太田　酒の名場面なら五所平之助の『大阪の宿』（一九五四）。上司を殴って大阪に左遷された佐野周二を好いた乙羽信子の芸者〝うわばみ〟は、下宿に飲みにくるが、あるとき酔い過ぎて佐野に機嫌を悪くされると、自分の身分をわきまえて座り直し、部屋から出て行く。追った佐野に「あなたは天上の星のようなものよ」という場面は良かった。東京に戻る歓送会で佐野が「自分は大阪に来て人の世を知った」と挨拶し、皆でままよと手を叩いて歌う。酒とはなんと良いものかと思ったなあ。

のむみち　乙羽信子なら、わたしは同じ五所監督の『わが愛』（一九六〇）が大好きです。

高崎　原作は井上靖の小説、『通夜の客』ですね。佐分利信をめぐる二人の女が乙羽信子と有馬稲子でした。

のむみち　佐分利信が亡くなって、葬儀のあとに有馬稲子がヤケ酒を飲むんですけど、そのときの徳利の数がすごいんですよ。わたし、『わが愛』が好きで何回も観てるんですけど、その場面のたびにスクリーンの中の徳利を数えるんですが、二十本近くあり毎回途中であきらめます（笑）。

太田　ぼくが信州山奥の中学生のとき、『わが愛』のロケ隊が来たのを憶えています。後年観たら、佐分利信はムスッとしてるだけで乙羽信子にも有馬稲子にもちやほやされる。黙って座ってればモテる役が多く、気に入らないネ。

のむみち　それが佐分利信の不思議な魅力のなせるワザなんですけどね（笑）。でも、男性からは佐分利信のよさが理解できないってよく聞きます。

高崎　威勢のいい酔いっぷりで思い出すのは『あした晴れるか』（一九六〇）の芦川いづみ。ぼくは二年前に写真集『芦川いづみ　愁いを含んで、ほのかに甘く』（文藝春秋）を編集した際、ご本人にインタビューしたんですけれども、芦川さんはこの映画で、中平康監督から、おでこを丸出しにして黒ぶちの眼鏡をかけろといわれて猛抵抗したらしいんです（笑）。石原裕次郎が写真家、芦川さんがインテリの宣伝部員に扮したラブ・コメなんだけど、二人が銀座のバーをハシゴするシーンがあるんです。へべれけになった芦川さんが「これがブラッディマリーよ」「ニコラシカって知ってる？」なんてうんちくを披瀝する場面が、とてもキュートなんですよ。

太田　生意気な女と翻弄される男の黄金パターン。銀座の金春小路を駆け抜けるシーンがあった。

高崎　和風スクリューボールコメディーというか、あのころの才気走った中平康は最高ですね。

太田　女優の酔っ払うシーンなら『東京おにぎり娘』（一九六一）。若尾文子が、心を寄せる川口浩の気持ちが定まらないので一人で飲み始め、最初は「もう、全然わかってくれないんだから」と嘆き酒、中盤は「ふん、なによあんな男」と怒り酒、最後は「え〜ん」と泣き出すヤケ酒（笑）。それをワンシーンワンカット、見ごたえがあった。

のむみち　かわいい酒からいきなり真逆になりますが、わたしが女優と酒で思い出すのが『如何なる星の下に』（一九六二）の三益愛子。三益愛子の旦那役が加東大介で、夫婦でおでん屋をしているんですが、旦那が店の金を持ち出したり重い病気にかかったり、苦労のしっぱなし。クライマックス、タガが外れた三益愛子がヤケ酒をあおるんですが、暴れっぷりがすごい迫力なんです。酒乱と聞くと、この映画の三益愛子が浮かびますね。

太田　あの暴れ方はすごかった。映画で男が酒を飲んでも普通だけど、女が飲むには必ず理由がある。恋なのか、ヤケなのか。映画で女優が飲み始めたら要注意。大きな意味が表れます。

理想の居酒屋主人

のむみち　太田さんは、『居酒屋吟月の物語』という小説を書かれていらっしゃいますが、〝吟月〟という名はもしかして……。

太田　はい、川島雄三の『とんかつ大将』（一九五二）からです。佐野周二の相棒の酒好き辻バイオリン弾き三井弘次の役名〝吟月〟を拝借しました。

のむみち　三井弘次はどの映画でもだいたい酔払っていますよね（笑）。黒澤明監督の『どん底』（一九五七）の、どんちゃん騒ぎが圧巻です。

太田　主役スターはあんまり酔った姿を見せられないからね。『居酒屋兆治』（一九八三）は、高倉健が居酒屋主人だけど、全然似合わなかった。あんないい男が店にいたら、酒は飲めないよ。酔ってからむ伊丹十三の気持ちがわかったね。三井弘次の店なら常連になって通うけど（笑）。

高崎　居酒屋の主人役が似合う俳優、ほかにもいそうですね。

のむみち　わたし、河村黎吉の店に通いたいな。

太田　いいね、人生相談ができる。藤原釜足、花沢徳衛の店もぜひ行きたい。加東大介もいいな。

高崎　居酒屋や大衆食堂のシーンで印象深いのは、川島雄三の『洲崎パラダイス　赤信号』（一九五六)。大衆食堂で飲んでる新珠三千代がいいんです。

のむみち　そうそう、手酌で飲む新珠三千代がかっこいいの。

高崎　それに比べて、亭主の三橋達也の情けなさったらない(笑)。たとえば黒澤明のような監督の場合、主人公は勇壮なヒーローじゃないですか。川島は逆で、ダメだけどどこか愛嬌があって憎めない主人公を好んで描きますね。

太田　黒澤映画の居酒屋なら『用心棒』(一九六一)だね。主人は東野英治郎。徳利を小道具に使う緊迫場面があった。主演の三船敏郎は、稲垣浩監督の『無法松の一生』(一九五八)の居酒屋場面がいい。主人は左卜全。もう無茶をしなくなった松が、銘酒ポスターの美人画に、秘かに心を寄せる未亡人・高峰秀子様を思う場面は泣けた。

のむみち　太田さんが〝様〟をつける女優は三人いらっしゃるそうですが、高峰様以外のお二方はどなたですか?

太田　司葉子様、吉永小百合様。吉永様は酒を飲む印象がないが、市川崑の『映画女優』(一九八七)では、ちゃぶ台に横座りで、盃を口に運ぶ手に慣れが見え、お好きなのかなとうれしくなりました。

高崎　さすが、見るポイントが違う(笑)。

のむみち　じゃあ、居酒屋の主人に対して、小料理屋のおかみさんで出てほしい女優さんは?

太田　これは絶対的な女優がいるね。いっせーの、でいおうか。いっせーの……

太田・のむみち　桜むつ子!(笑)

高崎　異存ございません(笑)。名画座界隈では有名人ですよね。

銀座が似合う人

太田　ではお待ちかね、映画の華、銀座の酒場に行きましょう。

のむみち　銀座のバーのマダムが似合うのは草笛光子かな。ビールの注ぎっぷりにほれぼれしちゃう。セリフをいいながらジャーッと注いで、泡も完璧なの。

太田　大賛成。ぼくの銀座マダムベスト3は、淡路恵子、草笛光子、池内淳子。ヘルプは渡辺美佐子。

高崎　ぼくにとっても淡路恵子が一番銀座らしいイメージがあります。子どものころ、毎週観ていた銀座を舞台にしたNHKのテレビドラマ、『若い季節』（一九六一〜六四）で「プランタン化粧品」の女社長を演じていたのが忘れられません。古今亭志ん朝や渥美清とか小沢昭一とか、みんな新人で出ていました。

太田　あれはぼくのいた銀座の資生堂がモデルと聞きました。淡路恵子は『父子草』（一九六七）のおでん屋おかみも良かったなあ。銀座で勤めていたけど、事情で今は場末の屋台を引いているという風情があって。

のむみち　『父子草』を観た日は、お酒を飲まずにはいられませんね。

太田　女の酒には理由があるといったけど、男が二人で安酒場に入ったら要注意。必ずなにか大切な話を切り出し、映画が動くんです。

のむみち　女と男だったら？

太田　女が男に酒を注ぐのは、なにかねだるとき。「帯買って」とか「権利書にはんこ押して」とか（笑）。男が女に注ぐときは、「熱海に行かないか」がキマリ。

高崎　ある時代の定番でしたね。銀座なら、相米さんも挙げていた『女が階段を上る時』が一番好きかな。当時、高峰秀子自身が病み上がりだったせいか、声が妙に色っぽくて、やるせない倦怠感と諦念を漂わせたバーの雇われマダムという役どころにぴったりでした。

のむみち　あの映画のきものは高峰秀子自身で選んだんですよね。だから、〝衣装　高峰秀子〟とクレジットに入っています。

太田　まさに傑作でした。銀座の酒場は、華やかさやあこがれ、虚栄の象徴。そのイメージをつくったのは、文壇バー。作家と対等に話ができるマダムがいて、バーは一種のサロンだったから。

高崎　そのあたりを描いているのが池内淳子主演の『花影』（一九六一）ですね。大岡昇平の原作で、川島雄三が監督。

太田　これと、川口松太郎原作、京マチ子・山本富士子共演の『夜の蝶』（一九五七）が、銀座のクラブを描いた代表作。どちらも実際にあった店、マダム、常連文化人を描いた実在ドラマ。銀座はそれだけの華のある街なんですね。

のむみち　川島には『銀座二十四帖』（一九五五）もあります。川島映画といえば三橋達也が浮かびますね。

高崎　三橋達也は東京・銀座生まれの都会っ子だから、青森の下北半島出身の川島にとってはある種、あこがれのタイプだったんじゃないかな。銀座のバーを描かせたら一番うまいのは川島だったという皮肉な説がありますよね。川島と銀座なら、『接吻泥棒』（一九六〇）もいい。宝田明がボクサーの役で、団令子、新珠三千代、草笛光子と恋のさやあてを演じますけど、ゲテモノ居酒屋をサラッと出すあたりは川島の真骨頂です。

太田　軽快でいい作品でしたね。宝田明と銀座なら、広告代理店を描いた司葉子様主演『その場所に女ありて』（一九六二）。旧電通本社のエレベーター前でロケして、隣の資生堂にいたぼくはカメラ位置がわかった。新進デザイナーの山崎努が賞をとってうぬぼれていくのをヒヤリとした気持ちで観てたな。ライバル会社のやり手・宝田明は司様に振られるけど、ほんとうはいいやつなんだよ。

高崎　のむみちさんは宝田さんの本（『銀幕に愛をこめて——ぼくはゴジラの同期生』筑摩書房）を構成していますね。ぼくも以前に『キネマ旬報』の高峰秀子追悼特集で宝田さんにインタビューしていますが、『放浪記』（一九六二）でのエピソードをたくさん話してくれました。

のむみち　わたしの場合はほんとうに偶然からで、神保町シアターで映画を観ていたら、ご本人がいらしていて、ご挨拶したんですね。そしたら自分の作品を観てくれてありがとうと名刺をくださって、インタビューすることになったんです。今もとてもお元気で（二〇二〇年三月当時）、来年公開の主演映画のプロデュースもされています。

太田　すばらしい。ぼくも名画座でご挨拶したことがあるけど、銀座が似合う正統スターでした。銀座、映画、酒。この三題噺は尽きないから、酒を飲みながら、第二弾をやりましょう。

高崎　寒くなってきたから、おでん屋で熱燗がいいですね。

のむみち　おかみさんは桜むつ子でお願いしたいなあ（笑）。

太田　『わが愛』で有馬稲子が空けた徳利の数を追い越しそう（笑）。

（二〇二〇年三月　銀座三笠会館にて）

あとがき

　私の一九九四年の映画本『シネマ大吟醸　魅惑のニッポン古典映画たち』（角川書店）では九十二本の日本映画をとりあげ、二〇〇九年の小学館文庫化に際し、その後六本見た石田民三作品を追加した。後半には「名画座放浪記」として名画座三十五館の記事も載る。文庫あとがき末尾に「古い日本映画をよい環境で常時見るという私の夢は実現した」と書いたが、その後ますます理想的状況になっているのは本書で書いた通り。おかげでこの本も書けたのだ。フォーマットは『シネマ大吟醸』と同じだ。

　逆に新作をほとんど見なくなってしまったのは、旧作上映に「この機会を逃すと、またいつ見られるかわからない」強迫感がいまだ抜けず、最優先になっているからだろう。さらに逆に「そうして、古い映画の魅力にはまってしまった」のだ。

　なぜか。「撮影所育ち監督の練達の技」「古い時代が写っている」「今の俳優には望めない、男らしさ、女らしさを持ったスターたち」の魅力か。さらに「映画は発表時よりも、時代を経て良くなる」を理由に挙げたい。町中のロケで映画ポスターが貼られていると、瞬時にいつの時代かわかるのは大きな楽しみだ。

＊

「私の映画史70年」は、新潮社の『決定版　日本の喜劇人』刊行記念上映に際し、同社の雑誌「波」に「その感想を自分の映画体験を織り交ぜて書いてくれ、長くてもよいです」と依頼され、張りきって四十枚ほど書いたところ「長すぎです」と呆れられて半分に減らされ、二〇二一年八月号に「ミニシアター巡礼が私を作った」として掲載された。しかし元原稿は残してあり、さらに書き加えてこの書に（めでたく）使えた。長くなったのは、書き始めたらきりがなかったから。

グラフィックデザイン、居酒屋紀行などいろいろやったが、もの心ついてから変わらず追い続けているのは映画だ。知られざる名作をみつける旅は一生続くだろう。

本書のタイトルを考えあぐねた末、私のごひいき千葉泰樹の『幸福への招待』（一九四七）からいただいた。アンリ・ヴェルヌイユの『幸福への招待』（一九五六）もある。とても好きな言葉なので。

この一冊を名画座ミニシアターに捧げます。

二〇二三年一月　　太田和彦

【初出】
〈映画、幸福への招待〉
「ぴあアプリ」2018年6月～2020年12月連載「太田和彦の新・シネマ大吟醸」を改稿
（『結婚適齢記』は書下ろし）
〈私の映画史70年〉
『波』（新潮社）2021年8月号「ミニシアター巡礼が私を作った」を改稿
〈鼎談・銀座と酒場と男と女〉
『銀座百点』（銀座百店会）2021年11月号

JASRAC　出 2209060-201

＊本書に登場する年代、作品名、人名等の固有名詞は、基本的に『フィルムセンター所蔵映画目録』（東京国立近代美術館、2000）、『日本映画人名事典』（キネマ旬報社、1998）などを参照したが、最終的な表記は著者の判断とした。

編集協力　中島宏枝（風日舎）
DTP　岡崎幸恵

太田和彦（おおた・かずひこ）

1946年中国・北京生まれ。長野県松本市出身。デザイナー、作家。東京教育大学（現筑波大学）教育学部芸術学科卒業。資生堂宣伝部制作室のアートディレクターを経て独立。2001〜08年、東北芸術工科大学教授。本業のかたわら日本各地の居酒屋を訪ね、多数著作を上梓。著書『ニッポン居酒屋放浪記』『居酒屋百名山』（ともに新潮文庫）、『居酒屋かもめ唄』（小学館文庫）など多数。近著『75歳、油揚がある』（亜紀書房）、『日本居酒屋遺産 東日本編』（トゥーヴァージンズ）、『書を置いて、街へ出よう』（晶文社）など。BS11「太田和彦のふらり旅 新・居酒屋百選」出演中。

映画《えいが》、幸福《こうふく》への招待《しょうたい》

2023年2月10日　初版

著　者　太田和彦
発行者　株式会社晶文社
東京都千代田区神田神保町 1-11　〒101-0051
電　話　03-3518-4940（代表）・4942（編集）
URL　https://www.shobunsha.co.jp/

印刷・製本　中央精版印刷株式会社

ISBN978-4-7949-7346-7　Printed in Japan

好評発売中

語り芸パースペクティブ　玉川奈々福編著

節談説教、ごぜ唄、説経祭文から義太夫、講談、能、落語、浪曲……そしてラップまで。伝統芸能が不思議なほどに多い国。とりわけ「語り芸」の多い国。視覚優位の現代で、聴く力、想像する力を要する芸が、かほど多様に受け継がれ、生き残っているのはなぜか。今聞きうる語り芸の第一人者を招き、今を生き抜く語り芸の語られざる深層を掘り起こす冒険的講演録。

映画と歩む、新世紀の中国　多田麻美

激動の現代史を経てきた中国。いまだ社会にひそむ文革の傷跡、開放政策のもたらした格差にあえぐ人々、そして医療訴訟や薬物問題、農村の現実、家族の絆など現代社会の諸問題まで、映画は細部を映し出す。現地に住み、リアルタイムで中国映画を追いかけてきた著者ならではのエッセイ。スクリーンに映る、わたしたちの隣国の〈現在〉。

たんぽぽのお酒 戯曲版　レイ・ブラッドベリ著　北山克彦訳

少年のイノセンスを詩的に幻想的に表現した名作『たんぽぽのお酒』(1957年発表)。著者のブラッドベリは、本国アメリカで、自らこの作品を舞台化し、戯曲として書き下ろしていた。光と闇、生と死、若さと老い……人生の秘密をつたえる言葉を追いかけ、取っ組みあい、ひとつのストーリーにまとめあげた。長編小説のエッセンスが凝縮され、演劇の台本としても実用できる、戯曲版。

銀幕の恋 田中絹代と小津安二郎　大場建治

田中絹代と小津安二郎の間の「秘められた恋」とは？　小津のサイレント時代の作品、遺された日記、役名に籠められた意味などを手がかりに、昭和の伝説的映画女優・田中絹代のひたむきな「生」を、大正 13 年の映画界入りから昭和 38 年末の小津の死まで描き上げたノンフィクション・ノベル。

アジア全方位　四方田犬彦

アジア的体験とは、観光を退け、旅人として長く留まり、土地の霊と言葉を交わすことだ――韓国、香港、中国、台湾、タイ、インドネシア……そしてイラン、パレスチナまで。ジャンルを悠然と越境し、つねに日本の文化と社会の問題をアジアという文脈のなかで考えてきた。滞在と旅の折々に執筆された、四半世紀におよぶ、アジアをめぐる思索と体験の記録。

定本 映画術　A・ヒッチコック、F・トリュフォー著　山田宏一・蓮實重彦訳

これが映画だ！　映画の巨匠が華麗なテクニックを大公開。サイレント時代の処女作から最後の作品まで、520 枚の写真を駆使して語りつくす。「まず読み物として興味津々」「技術面だけにとどまらず、技術と主題、形式と内容とが不可分のものであることを、じつに説明的に語っているところに本書の真の価値がある。」(朝日新聞評)